# 中国农业电子商务发展蓝皮书

（2015）

• 中国农业科学院农业信息研究所 •

中国农业科学技术出版社

**图书在版编目（CIP）数据**

中国农业电子商务发展蓝皮书. 2015/ 中国农业科学院农业信息研究所主编. —北京：中国农业科学技术出版社，2016.6

ISBN 978-7-5116-2534-2

Ⅰ. ①中… Ⅱ. ①中… Ⅲ. ①农业—电子商务—研究—中国—2015 Ⅳ. ① F713.36

中国版本图书馆 CIP 数据核字（2016）第 058310 号

**责任编辑** 李 雪 徐定娜
**责任校对** 贾海霞

**出　　版** 中国农业科学技术出版社
北京市中关村南大街 12 号　　邮编：100081
**电　　话**（010）82109707　82105169（编辑室）
（010）82109702（发行部）（010）82109709（读者服务部）
**传　　真**（010）82106650
**网　　址** http://www.castp.cn
**经　　销** 各地新华书店
**印　　刷** 北京富泰印刷有限责任公司
**开　　本** 787 mm × 1092 mm　1/16
**印　　张** 13.5
**字　　数** 187 千字
**版　　次** 2016 年 6 月第 1 版　2016 年 6 月第 1 次印刷
**定　　价** 98.00 元

# 中国农业电子商务发展蓝皮书（2015）

## 编 委 会

**指导单位** 农业部市场与经济信息司

**主编单位** 中国农业科学院农业信息研究所

**主　　任** 刘继芳

**副 主 任** 徐　磊

**委　　员**（排名不分先后）

张　峭　王大山　赵友森　梁建岗　杨　忠　张建庭
戴守勤　刘　玫　程文章　钱　亮　武红安　汪向东
李鸣涛　李　琪　赵冬梅　洪　涛

**主　　编** 徐　磊

**副 主 编** 邓　飞　王耀宗

**成　　员**（排名不分先后）

赵　亮　孙　伟　赵安平　张学锋　赵　辉　叶有灿
魏祥帅　林初有　邱小文　叶桄希　张　霞　董朝晖
陈炳全　康春鹏　于海鹏　沈立宏　郑姗姗

# 前　言

“互联网+”代表着现代农业发展的新方向、新路径、新动力，作为“互联网+”现代农业的重要组成部分，从生鲜电商的百花齐放，到农资电商的异军突起，再到休闲农业电商的风起云涌，中国农业电子商务已经成为农业发展进入新阶段后一道亮丽的风景线，成为一种新的业态、新的生产力。

农业部高度重视并大力推动农业电子商务的发展，特别是在2015年9月6日，联合国家发改委和商务部出台了《推进农业电子商务发展行动计划》，助推农业供给侧结构性改革，为“互联网+”农业提供了“弯道超车”的重要机遇。农业电子商务对于确保“农业丰、农民富、农村稳”的作用开始日益凸显；但同时应当看到，中国农业电子商务仍处于发展的初级阶段，面临诸多问题和挑战，亟须提高认识，加以扶持和引导。正是在此背景下，中国农业科学院农业信息研究所专门成立了农业电子商务研究团队，以期为加快推进我国农业电子商务健康持续发展提供“智库”支撑。

《中国农业电子商务发展蓝皮书》的编写，是贯彻落实《国务院关于大力发展电子商务加快培育经济新动力的意见》《国务院办公厅关于促进农村电子商务加快发展的指导意见》《农业部 国家发展和改革委员会 商务部关于印发〈推进农业电子商务发展行动计划〉的通知》等一系列重大发展战略部署的重要举措。该书由农业部市场与经济信息司指导，中国农业科学院农业信息研究所具体负责组织编写。其定位是每年定期发布的农业电子商务综合性研究报告，主要内容包括总报告、地区篇和专家论坛，旨在从产业视角全面反映中国农业电子商务的发展现状和趋势，并通过经验总结和问题发现，注重实用性和指导性，以便为农业电子商务行业发展提供借鉴，为相关政府部门决策提供参考。

在中国农业电子商务领域首部蓝皮书即将出版之际，中国农业科学院农业信息研究所农业电子商务研究团队衷心感谢农业部市场与经济信息司对农业电子商务研究工作所给予的指导和支持；感谢北京、山西、吉林、上海、江苏、浙江、福建、广东、四川和甘肃10省（市）农业电子商务政府主管部门的鼎力帮助；感谢国内外诸多专家学者的辛苦付出。限于编者的知识水平，加之农业电子商务在不断创新发展，首部蓝皮书的表述中难免有不足和偏颇之处，诚望业内人士和广大读者批评指正，促进蓝皮书质量不断提高，使之在培育经济新动力、打造“双引擎”、实现“双目标”中发挥更大的作用。

百尺竿头，更进一步！让我们共同努力！

**编　者**

**2016年4月29日**

# 目　录

## · 总 报 告 ·



## · 地 区 篇 ·



## · 专家论坛 ·

## ·附　录·

# 总 报 告

# 中国农业电子商务发展总报告

本报告旨在全面反映2015年中国农业电子商务的主要进展，总结发展模式和展望发展趋势；在此基础上，深入分析发展中所面临的突出问题，并从顶层设计的角度进行探索，提出并构建支持农业电子商务健康和持续发展的政策体系框架。

## 一、农业电子商务发展的现状

在“互联网+”现代农业的推动下，中国农业电子商务呈现出蓬勃发展的态势，主要有以下几个特点。

一是虽然农产品网络交易额占消费总额的比重不大，但发展迅速，交易规模增长迅猛。来自工业和信息化部的统计数据显示，截至2015年年底，中国约95%的行政村已开通宽带网络，全国网民达到6.68亿人，其中，城镇网民中网络购物用户的规模为2.84亿人，较2014年同比增长16.9%，农村网民进一步上升至1.95亿人，而网络购物的使用率也达到了43.2%，较2014年同比增加12.1个百分点。不难发现，伴随着国内互联网普及率的不断提高、网民规模的不断扩大，全民网购热潮在不断升温。据相关部门测算，2015年全国电子商务交易额约为20.8万亿元，较2014年同比增长27.1%，全国网络零售交易额达到3.9万亿元，较2014年同比增长33.3%；其中，农产品电子商务网络零售交易额首次突破1 500亿元，较2014年同比增幅超过50.0%，高于同期社会消费品网络零售总额增速16.7个百分点，成为2015年国内农产品消费市场中新的亮点；同时，全国农产品电子商务网络零售交易额占社会农产品零售总额的比重增至3.8%，发展潜力巨大。

二是农产品网络零售交易以干货和加工品为主，生鲜产品快速增长。

2015 年，中国电子商务网络零售交易的农产品主要是地方名特优、“三品一标”等，如大枣、茶叶、小米、木耳等耐储易运的干货及加工品占农产品电子商务网络零售交易总额的 80% 以上；与此同时，水产、肉类和水果等生鲜产品增势迅猛，全年生鲜电商交易规模估计超过 300 亿元，较 2014 年同比增速超过 100%，同时也超过同期农产品电子商务网络零售整体的发展速度。另据有关机构研究表明，国内生鲜电子商务的平均毛利率可达 30% ～ 40%，其中海鲜产品最高，达到 50% 以上，肉类为 20% ～ 30%；但 2015 年生鲜电子商务占生鲜类农产品消费总额的比重却相对较低，仅为 0.9%，低于农产品电子商务整体的发展水平。毛利率高和市场占有率低成为国内生鲜电子商务快速增长背后独特的现象。

三是农资、休闲农业和跨境电子商务开始起步。农资方面，据测算，目前，国内农资市场容量超过 2 万亿元，其中，化肥、农药、农机 3 类农资产品的市场空间分别约为 7 500 亿元、4 000 亿元和 6 000 亿元。2015 年，国内农资电商发展所需的外在条件开始逐渐成熟，调查显示，近 90% 的农资企业负责人认为农资行业应逐渐进入电商行业，其中约 50% 的农资企业开始筹建或已经建立电子商务网站，农资成为一片全新的电商蓝海。休闲农业方面，2015 年，国内以电子商务为载体的休闲农业尝试提供吃、住、游、购、娱等休闲体验产品以及特色农产品的网上展示、宣介、预定、销售和结算服务，有效满足城乡居民在线购买、线下消费的需求。电子商务让中国休闲农业插上腾飞的翅膀。农产品跨境电子商务方面，2015 年，国内农产品消费升级加快，求新、求异、求变，特别是多元化、高端化、个性化的要求日益明显，逐渐激发农产品跨境电子商务的兴起。

四是电商平台竞相发展。据不完全统计，2015 年中国有各类涉农电商超过 3 万家，其中规模和涉农交易类电商有近 4 000 家。国内大型电商企业进一步加大农业领域的开拓力度，已经成为农业电子商务的主力军，一些独具特色的农业专业电商平台正在迅速崛起。中国农产品电商形成了“两超一多强一小众”的格局，即以阿里系、京东系农产品电商为龙头的“两超”和苏宁云商、中国网库集团、中粮我买网、香满园、邮乐网、顺丰优选、安厨等具有较强竞争力的农产品电商“多强”以及众多具有成长性的特色农产品电商“小众”。

五是初步形成了政府、企业共同推动发展的格局。2015 年“中央一号文件”提出要支持电商、物流、商贸、金融等企业参与涉农电子商务平台建设；2015 年 5 月 4 日国务院发布了《关于大力发展电子商务加快培育经济新动力的意见》，旗帜鲜明地强调要积极发展农产品电子商务，农业部于 2015 年 9 月 6 日联合国家发改委和商务部出台了《推进农业电子商务发展行动计划》，提出了现阶段发展农业电子商务的指导思想、基本原则、总体目标，并明确了 5 方面重点任务和 20 项行动计划；许多省份也陆续出台了相关扶持政策。政府、企业合力推动农业电子商务在“摸索中前进，探索中发展，求索中突破”，初步形成了一批适合我国农业电子商务发展的“样板”，为传统农业引入了产业链、价值链、供应链等现代管理理念和商业模式，正在成为推动农业转型升级的新动力。

## 二、农业电子商务发展的模式

总的看，2015 年国内农业电子商务现有发展模式可以概括为三大类：平台电商模式、垂直电商模式和区域电商模式。

### （一）平台电商模式

平台电商模式主要是指商家借助现有的成熟开放平台实现农业网上交易，目前国内最具有代表性的综合性平台是阿里和京东的农产品电商板块。

阿里属于综合电商平台，交易模式具体包括天猫 B2C（企业对消费者）

模式、淘宝 C2C（个人对个人）模式、阿里巴巴 B2B（企业对企业）模式等，可满足不同类型商户的需求。京东综合购物平台主要以 B2C 为主，允许符合标准的第三方农产品企业入驻，其中大部分交易对接“ABC”模式，即由京东代理，将采购、仓储、配送、营销售后整合为一体，在产品质量的保证方面具有一定优势，尤其是配合自建限时到达物流配送体系，有利于生鲜农产品电商的发展。

平台电商模式比较适合于不具备独立构建电商营运环境的小微农业企业，通过借助第三方公共平台的资源以降低其从事农业电子商务网络交易的门槛。

### （二）垂直电商模式

区别于平台电商，垂直电商是指在农业某一个行业或细分市场深化运营的电子商务模式。垂直电子商务旗下商品都是同一类型的产品，大多属于企业自建平台。例如，茶天下主营茶叶、安厨主营生鲜食材、天地中药材网主营中药材等，这一类都可以归属为垂直电商业态。垂直电商按其具体经营方式也可进一步划分为 F2C（农场直供）、C2B（消费者定制）、C2F（订单农业）、O2O（线上线下结合）等模式。

垂直电商模式的优势在于专注和专业，能够提供更加符合特定人群的消费产品，特别是凭借精准的差异化定位、独特的品牌附加值，以获取用户的信任，从而迅速占领相应的市场份额。

### （三）区域电商模式

区域电商是指整个地区所集体表现出来的一种发展业态，是特定区域内众多企业共同协作而形成的适合当地经济基础条件的特定农业电商模式，具体可以划分为以下 4 种类型。

### 1. 资源推动型

资源推动型是指依靠本区域独一无二的农业资源优势，通过第三方平台或自建平台集中销售本区域特色农产品所形成的电商发展模式，例如浙江临安模式。临安市是中国山核桃主要产地，当地山核桃的栽培利用已有 500 多年历史，是名副其实的“中国山核桃之都”。自 2005 年起，以临安白牛村为代表的一批村民开始尝试在网上销售山核桃并取得了可观的收入，当地政府开始重视发展山核桃电子商务。目前，临安已经建成的电子商务产业园集电商服务、培训交流和收购、仓储、销售于一体，集聚了大量以销售山核桃为主的坚果炒货电商；而位于临安龙岗镇的中国坚果炒货食品城，则为电商量身打造了高效率的仓配中心，提供抓包、拣选、打包、发送及数据分析等一条龙服务。电商为临安山核桃敞开销售大门，也为全市优势农业产业发展和农民增收找到了新出路。

### 2. 产业推动型

产业推动型是指非优势农产品主产区依靠发展品牌产品规模化经营，在区域性内打造主导产业所形成的电商发展模式，例如河北清河模式。清河县是中国最大的羊绒集散地，长期以来，其精梳山羊绒加工销量一直占到全国总量的 70%、世界的 40%，因而获得“世界羊绒看中国，中国羊绒看清河”的美誉，拥有“中国羊绒之都”的殊荣。近年来，为了进一步巩固这一特色产业优势，当地政府采取有力措施，在鼓励企业增投入、扩规模、上科技、创名牌的同时，依托传统优势产业，通过电商的发展，大力发展羊绒精深加工，给产业带来巨大的升级空间和利润。目前，清河拥有 7 000 余家网店、5 万电商大军，年销售额约 15 亿元，特别是羊绒纱线产品的销售额已占整个淘宝网该品类的 3/4，形成了羊绒粗加工、深加工、线上线下销售相配套的完整产业链条。

### 3. 服务升级型

服务升级型是指针对农户在生产经营各个环节中自身难以解决的问题，通过在区域内发展一体化服务经济实体或市场中介组织，形成服务组织与农户利益同享、风险共担的电商发展模式，例如浙江遂昌模式。地处浙江省西部的遂昌县，仅5万人口的县城却聚集了几千家网店，并在此基础上诞生了围绕农产品电商的“遂昌模式”。该模式成功的关键是通过搭建地方性农产品公共服务平台，以“农产品电子商务服务商”的定位来探索解决农村（农户、合作社、农企）对接市场的问题；而特色和亮点则是名为“赶街”的新农村电子商务服务站，即以定点定人的方式，在农村实现电子商务代购、生活、农产品售卖以及商品品质监督执行等功能，从而让农村更全面、更深入地分享农业农村信息化的发展红利。

### 4. 传统升级型

传统升级型是指以传统龙头企业为主体，基于区位优势，通过运用互联网思维和手段，借助流通对生产的引导作用，倒逼传统产业的转型升级，探索一、二、三产业相融合的电商发展模式，例如陕西武功模式。武功县地处关中平原西部，是新疆维吾尔自治区、青海和甘肃三省区东出的重要通道，地理位置优越，早已成为关中地区重要的交通枢纽和物资集散地。基于自身有利的区位和交通优势，当地政府提出通过电子商务“买西北、卖全国”的战略规划，即在网上也打造相应的“西货东进的集散地”。由于多年的实体经济发展已经在物流、冷链方面奠定了较好的基础，对当地电子商务的整体竞争力起到强大的支撑，对引导和拉动农产品规模化生产、标准化管理、品牌化经营产生了重要作用，武功在线上线下融合方面走在了市场的前面。

## 三、农业电子商务发展趋势展望

展望“十三五”，中国农业电子商务将在农产品上行和农资下乡方面继续保持强劲增长态势，同时在跨境贸易、精准扶贫以及休闲农业等方面呈现出较大的发展前景和潜力。

一是农产品跨境电商将成为农业投资贸易的重要补充。2015年，伴随着国家“一带一路”重大发展战略的推进，中国与“一带一路”沿线国家间围绕跨境贸易和经济合作等领域的需求将进一步加强基础设施的互联互通与政策沟通协调，从而为农产品跨境电商的发展提供了宝贵的发展机遇。可以预见，未来国内电商企业将借“一带一路”东风，积极利用和发挥现有电商平台与资源优势。与此同时，政府也将推动制定跨境农产品电子商务综合服务体系以及跨境农产品电子商务进出口所涉及的在线通关、检验检疫、退税、结汇等基础信息标准和接口规范，实现海关、国检、国税、外管等部门与农业电子商务企业、物流配套企业之间的标准化信息流通。农产品进出口物流的专业化水平和物流效率有望得到大幅提升，农产品进出口的物流成本则会有效降低。农产品跨境电商将以“一带一路”沿线国家为主要目标市场实现重大突破。

二是农业电子商务将成为精准扶贫的重要手段。2015年，伴随着农业电子商务渠道加速“下沉”，乡镇网络建设布局全面加速，电子商务平台为农民提供了低成本的网络创业途径，从而为广泛开展“电商扶贫”奠定了坚实基础；与此同时，国家实施精准扶贫战略，确保2020年全部脱贫的号角已经吹响，国务院扶贫办已将电子商务纳入扶贫开发体系，出台了相应的电商扶贫开发工程。可以预见，未来通过农业电子商务向特色农产品、林果业深入推进，引导各类扶贫资源进一步优化配置，从而整合贫困地区优势产品，带动特色和优质农业资源的挖掘和利用，对贫困户和贫困村实现精准识别、精准帮扶和精准管理，以促进贫困群众持续稳定增收和按期脱贫。农业电子商务将成为中国精准扶贫的新利器。

三是休闲农业与电子商务结合逐渐成为新的消费增长点。2015年，伴随着休闲农业宣传推介工作的推进，以电子商务为载体的休闲农业提升工程的实施，农业电子商务平台作用开始得到充分发挥。可以预见，未来通过农业电子商务平台，以市场需求为导向，建设、开发，整合休闲农业资源，以标准化接待规范、信用评价体系、地理信息系统和移动定位技术为支撑，以采摘、餐饮、住宿、主题活动、民俗产品购销等为主要服务内容，从而打造统一的休闲农业线上推介、销售、服务平台和质量监督体系，推动形成线上线下融合、城乡互动发展的休闲农业产业链。农业电子商务能够有效解决消费者寻找休闲场所的困境，弥补休闲农业与乡村旅游经营主体缺乏宣传平台、推广能力和客源的短板，从而最大限度提升休闲农业的经济效益和社会效益，将成为农村一、二、三产业融合发展的突出亮点。

## 四、农业电子商务发展中面临的问题

就整体而言，2015 年中国农业电子商务仍处于发展的初级阶段，面临诸多的困难和问题，主要体现在以下 5 个方面。

一是“农业 + 互联网”半生不熟，多数农业生产经营主体对电子商务不了解、不会用、用不起。农业电子商务要求人才必须了解农业、农产品，同时要具备电商技能，即需要能够将网络技术、商业经营、农业知识相融合的复合型人才。目前，中国广大农民的互联网意识相对薄弱，普遍缺乏信息技术和电子商务等方面的知识，特别是受传统生产经营思维模式的束缚，大量农业生产经营者仍保持着传统的集贸市场交易习惯，更习惯于现金结算，对电子商务认识有限，信任度不够。此外，电子商务推广费占整个运营费用的比重偏高，无形中降低了农业电子商务的竞争力，部分第三方电子商务平台也存在相应的弊端，如对电商收取高额推广流量费、对销量居于前列的电商采取不合理的制约性管理以及平台容易滋生商家间的恶性竞争等问题，也是很多传统农业企业止步于农业电商的重要原因。

二是“互联网＋农业”水土不服，多数传统互联网企业对农业不熟悉、不清楚、不放心。目前，从事农业电子商务活动的企业主要来源于互联网行业。不可否认，传统互联网企业虽然充分掌握互联网的营销方式、服务方式、管理方式和技术方式，但对农产品产地布局、经营方式、货源分布不清楚，特别是对生鲜、农资的监管、运输、使用要求不了解，对质量安全难把控，对标准信息不熟悉。这往往容易导致互联网企业陷入一个误区，即把农业电商看作一个独立的产业形态，为电商而发展电商，与农业实体产业结合不紧密，或把电商看作一般的营销手段，作为一个新的渠道来运作，忽视了与现有产业的融合，最终成为无源之水、独木难支。电商不仅有渠道作用，更应有对产业的倒推作用，最终要按客户的需求来改造农业生产，而目前多数互联网企业在这一点上则显得力不从心。

三是标准化和质量安全问题尤为突出，容易产生“劣币”驱逐“良币”的现象，在很大程度上制约了农业电子商务的发展。电子商务发展的重要基础是品质保障，比较适合标准化和可鉴别的产品。当前，我国农产品多样化特征明显，但标准化程度较为滞后。畜产品、水产品、果蔬等尚未实现严格的标准等级划分，导致同价不同质、同质不同价的现象广泛存在，加上电子商务以网上图片及语言描述作为运营基础，使得消费者难以实际观测到产品质量及相关信息，信息筛选和甄别成为农业电子商务的重要方面。对于不擅长筛选和甄别信息的消费者容易造成误导，产生“劣币”驱逐“良币”的现象，在很大程度上制约了农产品电子商务的发展。在质量安全方面，由于溯源的不到位，质量环节上缺乏严格的监督主体，从而导致质量不可控或质量控制成本较高，也对农产品电子商务的发展形成了制约。

四是货源和物流是生鲜农产品进城市进社区的两道坎。从供应链前端来看，中国农业目前仍是以小规模家庭经营为主体的农业，户均农地经营规模仅 0.6 公顷，相当于日韩的 1/3、欧盟的 1/40 和美国的 1/400，存在着货源分散、不具备规模化、供应不稳定的问题，难以聚“小农”为“大农”，难以满足电商平台需求量大、周年供应的基本要求。从供应链中端来看，由于缺少既懂农业又懂电商的专业人才和服务机构对货源进行组织，无法构建“风险共担、利益共享”的纵向一体化协作机制，即很难形成稳定的、规模化的农产品供应链条，无形中放大了电商运作风险。从供应链末端来看，物流“最后一公里”仍是消费者的体验瓶颈，目前，绝大多数农产品电子商务企业在最终配送过程中为降低成本，并不能像中间过程一样使用冷链系统，从而导致农产品特别生鲜类在到达消费者手中时已不再处于冷冻或保鲜状态，影响顾客体验，不利于农产品电子商务的可持续发展；同时，农业电子商务企业还存在着自建物流与合作物流的两难选择，自建物流更快捷也更易于掌控，但成本较高，没有足够的资金支持往往难以维继，但与第三方物流企业合作却面临着管理及诚信方面的问题。

五是电商服务业发育滞后成为农资电商进村入户的最大瓶颈。农资产品属于单位体积大、价值相对较低的大宗商品，不太适合通过快递来运送，需要借助于现代物流手段才能实现及时合理的有效配送。目前，农村的物流网点建设末端一般仅仅限于县区，送货上门、上门取货依然无法全面覆盖，即绝大部分还是需要村民自取；加之农资产品还具有一些特殊属性，例如农药产品，大多属于有毒、易腐蚀物品，目前的物流体系或包装状态不太适合，而种子类还要涉及病虫草害的检验与检疫相关程序，其运输和邮寄也必须有相关的程序。总之，目前的物流体系在满足农资运输要求上整体还存在一定困难。更重要的是，农资产品使用技术复杂，产品效果受环境因素、操作方式影响大，使用不当不仅给农户造成重大损失，更影响客户信任度，影响后续销售，电商平台在销售的同时还需要配以耗时耗力的线下售后服务加以解决；而且，传统乡镇级农资经销商往往会为农户提供赊销服务，依靠熟人关系来维持还款，农资电商平台则难以提供赊销服务。可以说，农村物流服务体系不健全以及乡村信用、支付等服务业发育的相对滞后，成为当前农资电商进村入户所面临的突出矛盾。

## 五、支持农业电子商务发展的政策建议

加快发展农业电子商务，是完善农业市场机制的重要举措，是促进现代农业发展的重要途径，也是扩大和提升消费需求的重要动力。针对农业电子商务在发展过程中面临的主要问题，从顶层设计的角度，围绕布局规划、基础保障、公共服务、网络监管和人才建设，尝试提出构建支持中国农业电子商务健康持续发展的“五大”政策体系框架。

### （一）优化布局规划，引导农业产业集聚发展

一是围绕《全国优势农产品区域布局规划》《特色农产品区域布局规划》《农业对外合作规划（2016—2020）》，依托原有的农业区域产业布局，在产业适宜区连片发展，形成规模效应，着力打造一批优势特色农业生产基地，为发展农业电商提供充足的货源，促进产业与电商的深度融合。

二是强化与“一村一品”的工作对接，以村为基本单位，根据电商产业发展的市场需求，进行适当的规划和调整，使村级单位能够拥有一个市场潜力大、区域特色明显、附加值高的主导电商产品，确保产品、物流、人才、营运服务等电商要素的集聚，减少交易成本，提高农业电商竞争力。

三是推动产地农产品储藏、保鲜、烘干等初加工设施建设，形成生产、仓储、初加工为一体的区域特色的产业链或产业集群，变资源优势为产业和品牌优势，不断提升农业产业的电商化程度。

### （二）加强基础保障，健全电商产业支撑体系

一是加强网络基础设施建设，重点解决信息入户“最后一公里”难题，

要大力增加财政投入，进一步加强农村的网络基础设施建设，为农民提供形式多样的网络信息服务，尽快实现“村村通网络、户户会上网”。

二是加强农产品物流网络建设，重点解决物流“最后一公里”难题，要加大对农产品仓储、农村交通运输等基础设施建设的投入力度，积极发展农产品第三方物流和冷链物流，提高物流整体运作效率，重点建设农村、社区、学校、机关的物流快递配送点，切实解决农产品物流配送“进城难”和农资物流配送“下乡难”问题。

三是切实加大农业电子商务企业的信贷扶持力度，可根据实际需求开发有利于农产品和农资电子商务发展的信贷产品，并在利率、办理手续等方面给予优惠和方便，同时要积极创新农业电子商务支付手段。

### （三）完善公共服务，培育农业电商生态系统

一是要建立多元化、多渠道的投融资机制，积极推进电子商务村、电商产业园和县级平台等不同层次的电商生态系统建设，在规划、土地指标等方面给予支持，促进区域内、行业内同质电商平台整合。

二是引导中小型农业经营主体借助成熟电商平台，积极开拓市场，鼓励支持农业龙头企业自建平台，打造本地优质特色品牌，对生产型电商给予重点扶持，同时鼓励传统的农产品批发市场充分利用现有供应链优势，开展农产品网上批发、零售以及城市间配送服务。

三是丰富农业电商业态，鼓励各类电商平台向村镇延伸，建立村镇服务网点，发挥基层农业组织的优势，拓展农村市场。

### （四）强化网络监管，规范农业电商市场行为

一是要完善农产品和农资质量标准和追溯体系，加快农产品和农资质量、包装标准制修订进程，健全“三品一标”农业电子商务基础数据库。

二是完善部门间、区域间监管信息共享和职能衔接机制，探索建立风险监测、网上抽查、源头追溯、属地查处的农业电子商务质量监督机制，探索与涉农电子商务企业建立数据共享机制，实现质量可追溯、责任可追查。

三是建立诚信体系，整合银行、税务、工商等领域和电子商务相关主体的信用信息，推行信用档案制度，同时要积极支持农业电子商务中介组织、行业协会充分发挥作用，加强行业自律，规范农业电商市场行为、净化市场环境。

### （五）注重人才建设，推动农业电商主体培育

一是要有计划地对农业产业化龙头企业、农民合作社、家庭农场等农业新型经营主体进行不同层次的培训，提升农业主体的电子商务理念，转变观念，并掌握相关技能。

二是建立横向涉农电商交流平台和纵向人才返乡激励机制，加强与高校、协会、行业组织及第三方电子商务平台的协作，统筹利用多种资源，帮助新型职业农民、大学生村官、返乡农民工、农村经纪人、农村信息员等依托电子商务创业。

三是以电商企业为依托，培育乡镇电商服务站，重点培养乡村电商经纪人，要充分发挥乡村中青年劳动力本土优势，参与电商企业基层治理，为消费品和生产资料下乡，农产品上行提供支持。

# 地 区 篇

# 北京市农业电子商务发展报告

北京市农业局

近几年来，农业电子商务受到党和国家高度重视，尤其是进入到2015年，“中央一号文件”就提出要“创新农产品流通方式。支持电商、物流、商贸、金融等企业参与涉农电子商务平台建设。开展电子商务进农村综合示范。”5月份，国务院下发《国务院关于大力发展电子商务加快培育经济新动力的意见》（国发〔2015〕24号），9月份，农业部、发展和改革委员会和商务部共同印发《推进农业电子商务发展行动计划》（农市发〔2015〕3号），这两个文件为农业电商的发展提出了策略，指明了方向，更加调动了市场发展农业电子商务的积极性，迎来农业电子商务大发展的一年。作为农产品流通的新形式，北京市对农业电子商务工作非常重视，积极将农业电子商务与首都农业发展新定位、农业信息化发展新需要以及京津冀协同发展新形势紧密结合起来，在农业部市场司、部信息中心多年的信息化建设指导支持的基础上，我们进一步将农业电子商务作为转变职能、转变农业发展方式的“双转”抓手。在国家政策引导下，在政府各部门支持下，今年以来，北京市农业电子商务呈现蓬勃发展之势，多形态农业电子商务模式并存，对拓展我市农产品流通渠道、丰富市民消费方式、增加就业等方面展现出良好的正外部性。

## 一、北京市农业电子商务发展的现状和趋势

### （一）发展现状

2015年，北京市的农业电子商务取得了较好的发展，涉及农业电商的

企业数量增加较快，农民合作社、农业生产企业触电比例不断提高，农业电商社会化服务的机构迅速发展壮大。

### 1. 大型电商平台带动农业电商快速发展

2015 年，北京市农业电子商务发展较快，淘宝、天猫、京东等依然是农业电商的大型支撑平台，而中粮我买网、沱沱工社、本来生活等垂直电商经营水平不断提高，顺丰优选、EMS 等物流型电商作用日益突出，上述电商在北京农产品交易额和客单量方面都占据了绝大多数的份额。与此同时，北京市场也涌现了爱鲜蜂、许鲜、智农宝、绿色家递、慢生慢品、鲜来鲜品等农产品电商新锐；一批以生产和经营北京本地特色农产品的本土化农业电商企业迅速发展，如利民恒华、京之源、天安农业、阿卡农庄、北菜园、绿富隆、“鑫桃源”“栗山翁”“车客家园”、康顺达、美果源等。以分享收获、哈斯农场、自然乐章、好农场等为主的社区支持农业电商模式日益成熟，而“密农人家”“三三老栗树”“一原一品”等微电商发展也十分迅速。另外，北京新发地农产品批发市场建设第三方电子商务服务平台，创新农产品流通方式，开展电子化结算，发展农产品电子商务。

据调查，2014 年北京全市 3 900 多个村中，涉及农产品电商的比例占到 8% 左右；农民合作社（全市 5 770 个，部市示范社 446 家）涉及农产品电商的占 25% 左右。相较于前两年，北京涉及农业电商的企业数量明显增加。

### 2. 社会化服务机构在农业电商发展中发挥了重要作用

社会化服务机构在电商培训、运营辅导、渠道对接等方面积极行动，对北京市农业电子商务的发展起到了积极的推动作用。如奥科美公司搭建的“农场云”平台，在指导农场生产管理的同时，提供了农产品生长履历、优品地图等信息，方便渠道商寻找货源，为生产者和渠道商提供了便利。北京市农民专业合作社联合会（北京农联）与北京金农合现代农业有限公司，利用“农合论坛”平台对会员开展电商培训和辅导，指导建设了康顺达电商网站和“春分”农产品电商平台。北京智云天地农业信息技术（北京）有限公司搭建公共农产品追溯服务平台，为各级政府、农业企业、农业专业合作社、家庭农场以及农产品终端消费者提供专业的农产品质量安全追溯技术与信息服务。

## （二）农业电子商务发展趋势

今年是农业电子商务群起之年，参与企业类型多样、渠道各异，呈现非常良好的发展势头。从其他行业电子商务的发展趋势来看，受物流、包装、引流等各方面因素影响，未来农业电子商务也必然会面临沉淀和整合。

### 1. 北京优质、特色农产品电子商务将大力发展

北京本地的农产品具有品质优、规模小、品种特的特点，未来将逐渐形成适合农业生产特点的电商方式，是在一定农产品标准化体系下的农业生产。互联网 + 农业的新模式将更有利于特色农产品、地标农产品、高端农产品的销售，移动端的电商模式将成为销售应用主流。

### 2. 连接生产者和电子商务平台的服务商作用凸显

在“互联网 +”的时代，电商服务更要注重专业化。当前农产品产销过程中存在一定程度的生产者不懂电商销售，电商销售者不懂农业生产的现象。这就需要建立一个连接的环节，就是农产品电商服务商，通过服务商建立起连接生产者和电子商务的平台，来消除产销渠道瓶颈。目前京东商城有专业的第三方服务运营机构 200 多家，今后围绕产销双方开展电商服务的企业将不断增多，且服务范围、手段将更加丰富和完善。

## 二、农业电子商务发展的特征和主要模式

### （一）农业电子商务发展特征

#### 1. 注重农产品品牌培育，树好电商产品形象

品牌是电商销售的基础，在品牌培育上：一是建立“优农佳品”网站和手机 APP 平台。主要集中三品一标基地、企业的产品和休闲采摘信息，以及农产品电商企业信息，以展示和宣传北京本地的优质生产企业和产品品牌为目的，强化网上宣传推介，方便电商企业对接产品和市民了解北京本土优质农产品。二是加强品牌的媒体宣传。与北京电视台联合制作北京特色品牌宣传节目，深入解读“三品一标”农产品，突出本市“绿色防控”标识，塑造北京本土优质农产品的品牌。同时利用北京农业局官方微信、微博，开展“一周一品”专题推介。三是推出本市农产品品牌目录。在历年组织北京名特优新农产品目录的基础上，将本市优质农产品企业商标、三品一标基地、优质电商企业、休闲观光基地等内容编印成册，向社区居民广泛发放，被市民称为北京农业的“绿宝书”。

#### 2. 注重农业电子商务主体培育

积极组织郊区县重点优质农民专业合作社、生产企业，开展农产品电子商务培训，强化电商平台应用和电商经营技巧等方面知识，培育农业电子商务主体，让电商走进企业、走近农民。2015 年培训农民专业合作社、生产企业 300 多家，涉及 500 多人。同时，我们还在建立了农业企业微信交流群、农产品电商微信交流群、农场云微信交流群等，方便企业开展电商工作学习交流。

#### 3. 依托农业部农业信息进村入户工程，推进产销智慧化

搭建“农场云”平台，依托农业部农业信息进村入户工程，北京市打造

了专业型益农信息社模式，主要架构是运用智慧农场云平台打造数字化农场保“质”，借助全程冷链配送体系保“鲜”，联合生鲜电商形成会员制直供保“价”，最终实现北京地产农产品的“优质优价”。在打造智慧型现代化农场方面，将农场云与北京12316农业服务热线农业专家团队、绿色防控技术、水肥技术、标准化种植体系等优势资源深度融合，以“农场云”智能化管理平台为核心，在全市范围内集中打造一批智慧型现代化农场，实现农场管理数字化、生产标准化、决策智能化。2015年应用企业达210多家。在农产品冷链物流体系建设方面，通过现代化包装车间、冷库储存、站点集散、冷藏车运输、冷链小车到户的从地头到餐桌的全程化农业生鲜冷链物流服务，实现农产品销售最后环节的规范化、专业化和品质化。在农产品营销服务方面，通过线上＋线下的新型农产品销售渠道，一方面瞄准北京市22个商圈2 000多个高档社区用户，利用冷藏配送柜开展社区直供；另一方面对接京东商城、首农集团、本来生活等实力电商，实现订单农业。目前配置智能配送柜50余部，共与50家渠道商、农产品电商形成了合作意向，年销售额1 000余万元。

4. 开展农产品市场预警研究与信息发布

为便于农业企业和电商销售企业及时了解农产品市场变化情况，一是组织开展农产品市场信息采集，与全市8大农产品批发市场和100多家生产企业联网，定期采集农产品价格和上市量信息。二是深入开展主要农产品市场预警研究。共选择22种（其中，蔬菜18种，其他4种为猪肉、鸡蛋、鲤鱼和草鱼）农产品开展信息预警工作，共制定了三类信息预警参考指标，包括：农产品市场价格报警指标、本市主要农产品产量和市场价格走势对比指标和本市主要农产品批发市场行情趋势变化指标。三是实行市场信息定期发布。应用微信群，以及12316短信平台，按半年、季度、月、日等时间段定期发布短期、中长期市场行情变化信息，利用市场引导农业生产调整和产品上市。

## （二）农业电子商务发展主要模式

### 1. 平台型的农产品电子商务模式

京东商城是北京也是国内最大的自营电商平台，占有国内自营式 B2C 电商市场 56% 的市场份额。京东商城可以让符合标准的农产品企业入驻，也可以建立地方农产品特色馆。京东到家是京东全面进军生鲜农产品电子商务的重要举措，其线下联合各类生活超市、果蔬店等，基于移动终端的自动定位，实现订购产品 2 小时快速送达。

### 2. 生产型的农产品电子商务模式

主要是利用电商平台开店或是企业自己建立销售平台。电商平台开店主要是农业企业、合作社在淘宝网和京东商城开设商店，销售本企业产品，如密农人家、草帽公社、鲜森活、沱沱工社、鲜农乐、源味生活、顺丰优选、阿卡农庄等。而企业自建电商平台，就是根据本企业生产产品特点建立网络销售平台，全方位销售本企业产品，经营自主、形式灵活，如哈斯农场、京之源、绿富隆、三三老栗树等。

### 3. 贸易型农业电子商务发展模式

贸易型农业电子商务主要侧重于农产品的整合、包装、品牌、物流等，企业不生产产品或产品很少，主要以联营和购买其他企业农产品为主，集合农产品资源，开发微信、APP 等线上平台，并应用第三方物流进行电商销售，属于比较活跃和参与性较强的一种模式，如鲜来鲜品、绿色家递、本来生活、美菜网、美家美鲜等。

### 4. 社区 O2O 农产品电子商务发展模式

一是企业建立社区 O2O 销售模式。北京市与金泰集团、金色榜样公司形成框架合作协议，充分利用金泰集团的金质生活社区店和食品安全社区宣传站开展本地农产品线上销售、线下展销体验活动。通过现场展示介绍、实际品尝等体验活动打通线下链条，让市民认识电商、应用电商。

二是社区支持农业（CSA）的农产品销售模式。社区支持农业即CSA，是一种以生态农业为生产方式的农场（或农场群）与其所支持的社区之间建立的订单服务方式。目前北京地区约有50家CSA农场，其中以分享收获、哈斯农场、自然乐章等规模较大，农场平均会员规模约为200户，服务会员家庭数量超过10 000户。

5. 基于平台电商的农资电商发展模式

北京市率先为京东商城农资销售提供支持，促进农资电商业务的发展。一是协助京东商城开展行业对接，在5月份组织京东商城与市种子站开展座谈，着重解决农资风险点应对和种源企业对接两个核心问题。同时协助京东商城与本市10多家种子企业签订了合作协议，确保了京东商城种子网上销售业务于8月11日正式上线运行。二是京东商城与市供销社开展对接，逐步推进农资产品网上销售和提货点建设。

6. “电商+休闲采摘”模式

休闲采摘是实现农产品优质优价的最佳手段，也是预防滞销的有效措施之一。北京市一方面将北京休闲采摘资源进行整合，形成北京特色休闲采摘产品，加强互联网推介，另一方面积极推进休闲采摘基地、园区与电商企业开展合作，将特色休闲采摘产品向电商会员进行广泛推介，让电商会员成为园区会员，更真切、更便利的体验北京农业，促进农产品价值产地直接转化。

## 三、农业电子商务发展遇到的突出问题

北京农业电子商务经过几年发展，取得了显著成效，但也面临一些问题。

## （一）本市农业企业与电商衔接能力不足

一方面体现在本地农产品受季节性、生产规范、产后加工水平、物流配送能力等影响，一定程度存在电商销售需求和生产供应难于有效匹配的现象。另一方面产后销售的组织化程度较低。现在农业生产还比较分散，即使是合作社，社社之间、社农之间连接还不十分紧密。鲜活农产品销售存在线上“满”而线下“缺”情况，在销售价格、品质等方面难于协调统一，地域性的品牌化意识、形象意识还不成熟，缺少与电商对接的公司、品牌、包装、储运等软硬件环境和条件。

## （二）农业电商支持政策应有的放矢

农业工作中“重生产、轻流通”的观念有待转变，针对生产后端的产后加工、储存保鲜、冷链物流等有利于电商销售的政策还不完善，在农业电商服务体系建设以及电商发展等方面缺少有效鼓励措施。

## （三）社区支持农业缺少有效衔接机制

社区农产品电商对接涉及治安、消防、活动组织、安全保障、运输等各方面因素，联系起来很难，现在社区对接大部分是通过个人关系联系的。社区也缺乏一个有效的组织管理形式，对应开展农产品展示销售工作，真正与社区建立长期供需对接关系的企业并不多。

## （四）农产品标准化体系不健全

农产品标准化是农产品电商为消费者接纳的必要条件。但受自然条件影响，农产品的生产区域和生产者都相对分散，且附加价值较低，不耐久存，品类繁多，无法集中大量保存，不能统一价格、统一销售，这些都成为农产品标准化程度较低的主要因素，其也成为农产品电商发展的瓶颈问题。

### （五）农业电商人才明显不足

相对其他群体而言，农业生产者的信息素质相对较低，加上缺乏相关培训和指导，不管是通过电商购买商品还是出售农产品，对农业生产者来说，都可能成为较难逾越的障碍。目前蓬勃发展的农产品电商服务业从某种程度上对解决这一问题提供了有效手段，但电商服务业本身也存在着管理不规范、缺乏有效监管的问题。

## 四、支持农业电商发展的政策措施

### （一）探索制定农业电商相关促进政策

一是出台《北京市农业信息化龙头企业认定办法（试行）》，开展大型电商龙头企业认定，支持本市农产品电商企业发展。二是研究起草《优秀农产品产销企业评比办法（初稿）》，根据企业的销售数量、销售收入、辐射产业规模、受益农户数等相关方面制定指标和权重，分产业、分类型开展优秀销售企业评比，将农产品电商企业也纳入评比范围。三是研究起草《区县产销工作考核办法（初稿）》，从建立组织机构、掌握生产底数、扶持产销主体、支持电商发展等方面，建立相应的量化指标，对各区县产销服务工作开展情况进行全面评价和考核。

### （二）研究制定电商销售农产品标准

标准是电商农产品销售瓶颈问题。为了促进农产品电商的良性、可持续发展，我们积极开展电商销售农产品标准的制定工作。选取20多个蔬菜品种，初步研究制定了电商农产品分级、包装、储存、运输等标准，以此促进农业电商走向产品规范化、品牌可识化的发展轨道。选择具有代表性的平台电商、自营电商、小型电商企业等推广应用电商农产品标准，提高农产品生产的商品化水平。

## （三）积极开展农产品电商模式示范

按照农业部要求，积极开展农产品电商模式示范。一是依托农场云系统，开展“基地＋社区直配”的鲜活农产品智慧产销模式示范。二是依托阿卡农庄开展休闲农庄约O2O模式示范，推进北京的互联网＋休闲农业发展。三是探索与京东商城合作推进北京地方特色农产品馆建设，加强鲜活农产品销售。

## （四）组织开展农业电商调研

一方面积极开展北京农业电子商务发展状况及发展路径调研，归纳总结北京农业电子商务发展特征、经验和教训，提出农业电子商务发展路径。另一方面组织开展农产品电商统计系统指标建立调研，对农产品电商在主销品种、销售额、销售量等指标进行分析研究，为正确评估农产品电商在促进本土农产品实现优质优价工作中的地位和作用，明确扶持政策和措施的制定方向，奠定坚实工作基础。

# 山西省农业电子商务发展报告

山西省农业厅

2015年，山西省农业厅认真贯彻落实《国务院办公厅关于促进农村电子商务加快发展的指导意见》《农业部、发改委、商务部推进农业电子商务发展行动计划》等有关文件精神，紧紧抓住农业电子商务发展的有利时机，采取有效措施，大力推进山西省特色农业电子商务的发展，取得了比较明显的成效。

## 一、农业电子商务发展现状

2015年是山西省农业电子商务发展全面启动之年。7月31日，省委、省政府在太原召开了全省农村电子商务推进大会。会议明确了未来3年山西省农村电子商务的发展目标和任务，就是要积极贯彻中央有关精神，抓住“互联网+”的发展机遇，以“三农”为切入点，通过加快电商平台建设，积极培育优势产业，壮大农村电子商务流通主体，构建农产品电商产业体系，完善农村电子商务支撑服务体系，加强农村电商人才培养，深入开展创新示范，强化政策保障，实现农业发展、农民增收、农村繁荣的目标。贯彻国务院以及农业部有关文件精神，按照全省农村电商大会的安排部署，省各级农业部门紧紧抓住农业电子商务发展的有利时机，采取有效措施，大力推进特色农业电子商务的发展。

### 1. 山西特色农产品电子商务发展路径基本明确

为了进一步明确山西省农业电子商务发展方向和任务，广泛听取各方面的意见和建议，3月13日，农业厅在太原组织召开了“山西农产品电子商务发展研讨会”。省农业厅、省商务厅、省电子商务商会以及省重点农产品电子商务和农产品加工企业、电商经营者代表及部分新闻媒体记者参加了会议。大家一致认为，山西省农业电子商务发展方向是突出特色，促进农产品流通，开拓农民增收渠道。根据座谈会议精神，农业厅于4月2日制定出台了《加快山西省农产品电子商务发展的指导意见》，明确了工作目标和重点任务。按照农业部的安排，农业厅对全省农村电子商务发展进行了专题调研，走访了贡天下、乐村淘、晋中田霖等电商企业，并召开了座谈会，详细了解电商发展有关情况，为下一步推进信息进村入户工作打好基础。9月10日，在太原举办了全省农村电子商务培训班，各市农业、畜牧、果业部门的负责人，60个重点县农委主要负责人，部分农业企业负责人参加了培训。中国电子政务培训专家、农业部农业信息中心副主任吴秀媛同志做了“互联网+背景下农业电子商务路在何方”的讲座，山西省的贡天下、乐村淘、晋中田霖、清徐好朋友四个农村电子商务企业介绍发展模式，晋中市、忻州市、太谷县农委介绍了推进农村电子商务方面的经验和做法。

2. 农产品电子商务产销对接活动形式多样

2014年以来，立足于发展农产品现代流通体系，引领传统农业向信息化、标准化、品牌化的现代农业转变，充分利用电子商务迅猛发展的契机，省农业厅与山西农产品电商龙头企业“贡天下商贸有限公司”在11个地市巡回举办了“农产品电子商务山西行”活动，与电商企业共同搭建山西省农产品电子商务销售平台。参加“山西行”活动的人员近2 000人，各类农业企业和农民专业合作社440多家。截至去年底，通过“山西行”活动对接，贡天下共签约198家山西农业企业，网上合作销售额超过5 000万元，销售产品涉及杂粮、干鲜果、蔬菜、油脂、畜产品、酒类等6大类近40个品种。2015年，农业厅在“农产品电子商务山西行”活动的基础上，深入开展了“山西特色农产品电子商务专题产销对接活动”。活动主要围绕全省特色优势产业，选择优势产地和产区，组织相关流通企业、种养大户或合作社，以及省内农产品电子商务龙头企业参加，依托现有知名企业和品牌，利用互联网技术，采取电子商务预售、产品推介、举办各类促销活动等形式，开展产销对接、宣传培训等活动，带动特色农产品销售和企业品牌建设，促进农产品电子商务多元化发展。4 月 17 日，农业厅在临汾市隰县针对“隰县玉露香梨”组织开展了电商产销对接活动，共计 30 家合作社与贡天下签订了合作协议；7 月 23 日，在吕梁汾阳市举办了吕梁核桃红枣电商产销对接活动，有 7 家企业签订了合作销售意向。通过开展农产品电子商务产销对接活动，不仅展示宣传了各地各具特色的农特产品，更重要的是使广大基层农业干部和农产品经营者初步掌握了农产品电子商务的概念和目前发展态势，进一步统一了思想，提高了对发展农产品电子商务的认识水平，明确了下一步的工作目标。

### 3. 农产品电子商务交易展区及论坛活动影响广泛

2015 年 10 月 23 日，第四届中国（山西）特色农产品交易博览会在太原隆重召开。电商活动成为第四届农博会的突出亮点。本届农博会首次设立了农产品电子商务交易区，组织了阿里巴巴、苏宁云商、乡土中国等省外知名电商和贡天下、乐村淘、晋淘天下、晋中田霖、清徐好朋友等省内本土电商共 25 家涉农电商企业参展，第一次将农产品电子商务引进农博会。期间还组织了农产品电子商务论坛，探讨推进山西省农产品电子商务发展的路径和对策，贡天下、苏宁云商、乐村淘、乡土中国、晋淘天下五家电商企业，以农村和农产品电子商务为主题，围绕各自发展模式，交流了开展农产品电子商务的经验和做法。展会期间，各大电商企业网上销售额达 7 582 万元，与 920 家农业生产企业、农产品加工企业、农民合作社进行了广泛的洽谈对接，并签订和合作意向或协议，扫描二维码人数超过 5 万人，网上新增注册用户和微信粉丝近 2.4 万人。

### 4. 农业电子商务发展取得初步成效

面对去年农畜产品价格下跌、市场消费不振的形势，省农产品电子商务展示出了较强的盈利能力，为农民增收发挥了重要的作用。据农业部门不完全统计，2015 年全省农产品网络零售额约为 10 亿元左右，同比增长约 35%。贡天下作为全省农产品电子商务的标杆企业，2015 年农产品网上销售额 6.8 亿元，其中销售山西农产品 2.38 亿元；乐村淘公司作为全国最具影响力的农村电商平台，去年 9 月开始运营农产品销售以来，销售金额达到 1 000 万元左右。乐村淘原平公司以每斤高于市场收购价 0.05 元的价格，组织集中收购当地果农的酥梨，依据乐村淘各县级运营中心的网上下单情况，批量发往省内其他县市区，最多的一天销售酥梨达 5 万千克；晋中田霖公司通过农粮网上置换，去年销售收入在 2 500 万元左右；新绛县“一村一品电子商务有限公司”7 天销售油桃达 8 500 千克，每 0.5 千克比市场价高 0.1 ～ 0.3 元，有力促进了农产品销售和农民增收。

## 二、山西省农业电子商务发展的主要模式

总结山西省农业电子商务发展的模式，主要有 4 种类型、7 种方式。

第一种类型是由电商企业自建或依托大型网络平台，建设以销售农特产品为主营方向的农产品电子商务发展模式，可细分为 2 种模式。

贡天下模式：贡天下不仅有自有电商平台“贡天下特产网”，而且与淘宝、京东、唯品会、1 号店合作开设旗舰店，开发了移动端 APP 交易，创新开展了“七天拍”销售模式。公司通过多地区、多品牌、多渠道营销全国特色农产品，原产地采购、原产地发货，保持农产品的原滋原味。公司在全面深挖山西特色农产品资源的同时，努力向特色农产品“买全国、卖全国”方向发展。2015 年公司实现销售收入 6.8 亿元。

汇纳云商模式：2014 年，晋中市政府与汇纳云商电子商务有限公司签

订合同，由汇纳云商作为“淘宝晋中馆”的运营商，全面负责在淘宝开设晋中市级馆。汇纳云商负责网店建设、入驻企业卖家及经销商的资质审查、销售管理等；晋中市政府农口有关部门做背书，确保农产品质量安全。“淘宝晋中馆”运行一年多来，入驻天猫店铺 23 家、集市店铺 167 家，2014 年销售总额近 6 000 万元。冠云、荣兴堂跻身全国电子商务食品营销 500 强，分别排名 262 位和 306 位。晋中市政府按照《晋中市加快淘宝晋中馆实施方案》的规定，对驻馆企业营销业绩进行了奖励，2014 年发放奖励和驻馆补助”104 万元。预计 2015 年销售总额将突破 7 000 万元。

第二种类型是电商企业依托自有平台系统，着重在县级以下布设网点，为农民群众提供工业产品和农产品的双向买卖服务，可细分为 3 种模式。

乐村淘模式：作为中国第一家服务于广大农民的村镇 O2O 电商平台，乐村淘发展目标将中国现有的村镇小卖铺，升级成为乐村淘线下体验店，通过体验店帮助农民实现网上购物和网上销售农产品。公司制定了适合当前农村电商发展的“六位一体战略”：村级体验店、农村消费顾问、县级管理中心、镇级物流体系、农村电商平台、农村消费数据库，形成了一个有机的运营体系。公司创新推出了“乐 6 集”网上赶集电商营销模式，目前已经覆盖全国 22 个省，516 个县，建立了 60 000 多家村级体验店，省内已经发展 90 个县级管理中心、近 10 000 家体验店。未来 3 年计划发展 60 000 家体验店，实现省内销售额 10 亿元、全国销售额达到 100 亿元。

阿里模式：阿里巴巴启动了“千县万村”计划，三年至五年内投资 100 亿元，在全国建立 1 000 个县级运营中心和 10 万个村级服务站。目前，已在山西省建设首批试点县介休市、孝义市、祁县、太谷县、侯马市等 5 个县（市）。

晋中田霖模式：公司 2013 年创建了“农民增收网”；2015 年开始研发并实施“田农宝”农粮电子交易系统。公司通过引进网上工业品供货商集成

"惠农商城"，农民以实名制网上开店，依托"田农宝"农粮电子交易系统，以工业品购进利润反哺农产品售出价格，让农民成为最大受益者。"农民增收网＋田农宝"开创了山西大宗农产品电子商务新模式，以整购直销改变农业生产和农产品流通方式，以消费置换改变农民生活习惯，打造了"电子粮仓"。截至目前，已在晋中市开设县级中心 3 家、乡镇服务站 60 多家、村级经纪人 270 多人，"农民增收网"平台入驻晋中农户 10 多万户，置换玉米、杂粮等折合金额 2 500 万元。

第三种类型是农业企业、农民专业合作社、个体农户依托现有的大型网络平台开农家或企业网店，自主经营各类农产品。

典型代表为王小帮模式：王小帮真名叫王志强。2008 年，王小帮从北京打工后回到临县张家沟村，支起一台从中关村买来的电脑，试着开了淘宝店。7 年间，黄豆、红枣、土豆粉条等这些散发着吕梁山气息的山货走出山西，走向世界。"电脑、相机、铁驴子和山货"，王小帮代表着一批"农民网商"正在数据时代构建着全新的生态系统，短短几年销售额已经达到了 500 万元，卖家信用已达到两颗钻，买家好评率 100%。

第四种类型是个体人群利用移动互联网开办微信商店经营农特产品的微商模式。

代表人物是"余大妞果园"微店。运城市盐湖区路家庄村 90 后女孩余丽丽开办的"余大妞果园"微店，去年 6 月 24 日、25 日的 48 小时内，销售油桃达到 7.5 万千克。她不仅销售自己的，还帮助村里乡亲们卖，共计销售油桃 37.5 万千克。苹果丰收后，她的微店销量达到 3 万千克，销售价格平均高于村里收购价格 20% 以上。临猗县三管乡、万荣县王显乡也涌现出一批水果微商店，为促进当地水果销售发挥了主要作用。

## 三、存在困难和问题

当前，山西省农业电子商务发展水平还很低，仍然停留在网购工业商品的阶段，销售农产品的很少，农产品电子商务还没有成为销售流通的主要渠道。农产品是一种特殊的商品，具有自身的特点，主要表现为鲜活性、季节性、地域性、差异性强，产量大、规格不一、保质期短等，在很多方面需要不断完善，逐步适应电子商务发展的趋势。

一是产地田头市场建设不适应。产地田头市场能够解决农产品集中收获后的分拣、分级、初选、包装等电子商务销售基础方面的难题。但目前来看，我省产地田头市场的发展还比较滞后，难以适应电子商务的需要。二是仓储设施建设不适应。电子商务必然要求农产品保持新鲜度。山西省农村的农产品仓储设施还比较落后，现有的仓储设施很大一部分是利用废弃窑洞等改造的，条件简陋，仓储能力有限，难以满足实际需求。由于许多电商不具备冷链、保鲜等条件，配套服务跟不上，发生损坏、变质等问题后，没有可操作的解决程序和规定，农产品网购风险大。三是物流环节不适应。电子商务带来了农产品物流配送的新课题。除个别价值较高的农产品外，大多数农产品都面临着物流配送成本高、县级以下物流渠道不畅的问题，导致了农民的销售成本增加、电商的运行成本增加，许多物流企业不愿意接受农产品配送订单，或者要价离谱，农民群众无法接受，直接影响了农产品的网络销售。四是包装及质量标准不适应。农产品电子商务更多的情况是面对广大的个体消费人群，这样就带来了产品包装、标准等方面的具体要求，需要针对客户需求，进行单独的包装。目前来看，这方面工作还比较落后。同时，网上销售农产品也对农业厅开展农产品质量安全监管提出新的挑战。五是农业企业和农民的素质还不适应。农产品电子商务是个新课题，山西省专业电子商务人才缺乏，大多数农业企业、农民专业合作社及农民群众认识还有差距，还没有掌握这方面的相关知识，许多人想做但是不会电脑或手机操作技术，针对性的培训没有跟上，一些基层农业干部的相关知识水平也很低，加强电子商务培训任务艰巨。农业信息化工作差距更大，对于应用互联网技术开展农业物联网技术推广、村务管理、便民服务等，往往还是依靠分别独立的企业平台，没有整合成为具有公益性服务的公共平台。

## 四、政策建议

针对当前全省农业电子商务发展面临的困难和问题，提出以下政策建议。

### 1. 加强农村产地田头市场建设

充分发挥山西省蔬菜、水果、杂粮等特色农产品生产和品牌优势，加快建立完善的农村产地田头市场体系，推进农产品标准化，提高质量安全水平，通过与电商结合，将农产品直接从田头市场配送到电商企业和消费者手中，进一步减少流通环节，增加农民收入。

### 2. 加快农村电子商务发展重点县建设

“十三五”期间，全省重点扶持农业主导产业突出、特色鲜明、拥有“三品一标”或知名品牌的50个农村电子商务发展重点县，主要建设农产品仓储、冷链物流设施，配套县、乡、村三级农村电子商务服务中心和服务站。鼓励有条件的地方探索电商产地预售模式，发展订单农业，鼓励探索粮食、蔬菜等大宗农产品电子商务销售模式，促进农业产业发展和农民增收。

### 3. 加强农村电子商务物流体系建设

充分利用全省在国内其他省市开办的“山西特色农产品展示展销中心”等现有渠道，在外省大城市配套建设农产品集散配送中心，通过集散配送中心，将农产品集中起来后，再物流配送到所在省市的消费者，促进山西特色农产品走向全国；在省内，选择部分交通枢纽市县，建设一批市县级农产品物流配送中心，通过收集线上销售的农产品，配送至线下大城市或我省的乡村。

4. 支持农村电子商务平台体系建设

鼓励和支持涉农电商企业在农村发展电子商务。有条件的市县，可以建设农村电子商务园区，配套相关设施，吸收大型电子商务企业入驻，提高辐射带动能力；对于电商企业在县乡村建设电子商务服务中心、体验店的，在资金方面由财政给予补贴，在用地、用电、税收、工商等政策上给予倾斜；对于带动能力突出、示范效应显著的，政府给予适当资金奖励。对于一些发展模式好，但刚刚起步、实力较弱的电商企业，要在贷款、融资、项目扶持等方面给予适当倾斜。科技部门对于农村电子商务发展的创新模式应当给予立项支持，鼓励电商企业利用科技，创新发展。税务部门应当针对电子商务运营特点，出台定向定额佣金收取制度，解决农产品白条抵扣等问题。

5. 鼓励农产品电商积极开展各种促销活动

积极探索多种农产品电商促销活动，在知名平台开展山西特色农产品促销周、拍卖日、有奖销售等形式多样的农产品销售活动，扩大山西特色农产品知名度。对销售效果好、业绩突出、影响范围大的大型销售活动，政府应给予一定的补贴。

6. 加快农产品质量标准化体系建设

指导农业企业、农民专业合作社加强农产品生产质量安全管理，确保产品质量安全可靠。支持农产品品质分级标准化、包装规格化以及产品编码化，按照网上交易的特点，发展适合的包装、规格等标准，不断完善农产品标准化体系。加强网上销售农产品的质量安全监管，规范上网农产品资质。支持农产品二维码的应用，给予网络销售农产品的可追溯体系建设和应用补贴扶持，保障农产品质量安全。

7. 加强农村电子商务培训工作

充分利用新型职业农民培训等渠道，开展更加广泛的电子商务培训工作。对于各类农村电商运营企业或委托机构在县级以下自主开展的电子商务技能培训活动，应当纳入到新型职业农民培训工作中，享受相关的优惠扶持政策，给予适当培训补贴。积极搭建大专院校与电商企业的对接平台，鼓励大中专学生从事电商方面的创业，充分利用好电子商务相关专业人才。对于农村电子商务企业引进的高端人才，应当按照引进优秀人才的相关政策给予补助。

### 8. 加快农村互联网基础设施建设

针对目前村一级互联网络基础设施建设相对滞后，尤其一些偏远的地区，网络宽带还没有实现全覆盖的问题，各级政府及有关部门应当加快农村宽带建设，尽快实现全省农村网络宽带全覆盖。

此外，当前东西部电子商务领域的差距在逐渐拉大，可能导致西部地区商业空心化、财富进一步向东部集中、网络数据被个别大企业垄断的情况，亟待从国家层面加大对中西部发展电子商务的政策、资金支持，完善相关法律法规，加快电子商务立法进程，规范电商企业向政府部门提供数据的责任和义务。国家统计部门还没有电子商务全口径统计数字，只发布线上企业电子商务交易额，远低于实际数字，失去参考分析价值，涉农电子商务数据更是缺乏。建议加快电子商务统计工作，建立全面、完善的电子商务统计体系。

# 吉林省农业电子商务发展报告

吉林省农业委员会

2015年，吉林省农业电子商务工作按照农业部有关要求，结合农业部信息进村入户试点和吉林省智慧农业示范项目建设，紧紧抓住转方式、调结构、稳长重要战略机遇期，以国家制定实施“互联网+”行动计划为契机，以建设现代农业经营体系为目标，以信息进村入户和智慧农业示范及12316综合信息为基础，以搭建从厂家到农户农产品便捷渠道为重点，坚持企业主体、政府推动、市场运作、合作共赢的运行模式，以有效提升消费需求为主线，强化顶层设计和政策引导，着力解决农业电子商务发展中的困难和问题，完善制度、机制和模式，营造开放、规范、诚信、安全的发展环境，为加快实现农业现代化和城乡发展一体化提供新的动力，打造大众创业、万众创新的平台。

## 一、吉林省农业电子商务发展的现状和趋势

### （一）吉林省农业电子商务的发展现状

从2010年下半年起，吉林省开始开展农业电子商务试点，历经五年多的实践，探索出了农村电商与信息服务融合发展的新模式。大体经历了3个阶段：从2010年下半年起，先后分3批在16个县市重点开展了农资下乡电子商务试点；从2013年起，通过与淘宝、京东等合作，开展了农产品电子商务试点；从今年开始，重点打造包括双向电商服务、三农信息服务与一体的开犁综合服务平台。到目前为止，全省已建成能够开展电商服务的农村信

息服务站 2 800 个，其中达到“六有”标准的信息服务站 870 个，培训农村信息员超万名。2015 年实现化肥交易 6 267 吨，交易额 1.56 亿元。2015 年，通过开犁电商平台、淘宝吉林大米馆，淘宝特色中国吉林馆，京东吉林特色馆等省级自营平台销售各类农产品 8.6 亿元。在电商服务与信息服务融合发展当中，12316 平台平均每年受理农民咨询电话 118 万个、12582 平台平均每年短信服务农民 15 亿条次、易农宝用户达 20 万户、测土配方施肥手机服务系统实现全省覆盖、建成水稻等 4 个产业物联网应用示范点 30 个、基于 12316 三农信息服务平台开办的广播电视专题节目平均每天播出时长 3 小时 25 分钟，这些手段和服务有力地推动了电商快速发展。

### 1. 建平台，解决农民买难卖难问题

一是建设开犁网，满足农民足不出村购买农资、日用品需求。为了有效地解决农民买难问题，2010 年，吉林省建设开通了开犁网电商平台，2011 年 2 月 25 日实现了农资电子商务直销到户第一单。开犁网设农资、日用品、农产品三大子平台，农资平台以农业生产资料下乡服务为主，上线包括化肥、种子、农药、农机、饲料、农膜等在内的 7 大类 300 多个产品，上线产品全部由省农委相关部门严格审核把关，保证了产品质量，尤其化肥、种子产品采用平台专供包装、专供品种、专业物流方式运行。日用品电子交易商务子平台与京东商城、义乌购电商平台合作，上线了服装、化妆品、手机、鞋帽、家用电器、日用百货等品类上万款产品，使农民足不出村、不出屯就能买到质量好、价格优，实用好用的日用品，基本上满足了农民的生产生活需要。医药下乡平台于 2014 年 4 月上线，目前，已受理电话、短信医疗信息咨询 60 000 余人次，2 000 位农民通过预约挂号方便就医。二是开通淘宝特色中国·吉林馆，推广吉林省优质特色农产品。吉林馆于 2014 年 9 月 22 日正式上线，开通初期上线企业 356 家，上线产品包括东北三宝、大米杂粮、长白山货、民族美食、美味鲜货、旅游工艺 6 大类目 600 多品类，长白

山人参、吉林大米、长白山林蛙油、梅花鹿茸片、黄松甸木耳、朝鲜族辣白菜、长白山松子等 15 000 多款商品。截至 2015 年底，吉林馆上线企业已增加到 733 个，上线产品达到 30 000 多款，成交额达 8.6 亿元。三是开发开犁溯源平台，增加吉林省优质农产品的市场竞争力。溯源平以人工录入和物联网设备自动采集相结合的方式，采集溯源数据信息，为农产品生产加工企业和农民专业合作社提供从投入品采购到生产销售全过程信息的公开展示，为消费者提供农产品溯源信息查询服务。截至目前，共有 17 家企业的 40 款商品进驻到平台，总访问量达 5 万余次，该平台最大优势是直接与淘宝平台实现对接，用户可在查询溯源信息后，直接下单点击购买，大大提升上线商品复购率。

### 2. 多平台对农服务，为电商进农村打基础

经过多年运营，建成具有综合服务能力的三农综合信息服务平台，两大中心——资源数据中心和指挥调度中心，一系列支撑服务平台，利用两种手段——三农综合服务平台 PC 客户端和易农宝手机 APP，面向政府、企业、合作社、农民四类用户，开展农业生产、农村经营、农民生活、涉农管理等信息化服务。一是建设呼叫中心，积累用户。2006 年 5 月，与中国联通吉林公司合作建设吉林省 12316 新农村热线服务平台，以电话互动形式为农民答疑解惑；2008 年 3 月，与中国移动吉林公司合作建设 12582 短彩信服务平台，以短彩信和语音方式为农民提供信息咨询、农技指导、科普服务、预警预报等各类服务。12316 新农村热线服务平台聘任省级专家 112 位，每天互动答疑农民各类问题 4 000 余个，平台最高日电话互动峰值达到 1 万余个，开通 9 年来，电话答疑累计 1 300 多万个；12582 短彩信服务平台拥有农业各领域专家 315 名，目前，平台注册用户 240 万户，占吉林省农户总数的 63%，每天向农民群发各类指导、预警、天气等信息 480 万条次，7 年群发累计达 122 亿条次，日均专家一对一回复语音、短信咨询 3 000 余条次，

累计受理答疑量达700余万条次。2015年底，将上述两个平台整合为12316三农信息服务平台，集中开展为农服务。与此同时，通过吉林省智慧农业服务平台、吉林省动植物远程视频诊疗服务平台与吉林省测土配方施肥指导服务平台等多个平台和吉林省农业农村资源数据中心、吉林省农业信息化指挥调度中心，积累各类数据资源，形成了完整的电商服务支撑体系。

3. 建信息服务站，促进电商服务与信息服务融合

在全省9市（州）41个县（市、区）建设2 800家集电子商务服务、信息服务、便民服务于一体的农村综合信息服务站，并为服务站安装牌匾，统一室内装修风格，专门配置电脑、POS机等设备，为站点负责人及周边农民免费发放银行卡、开通网银，由服务站为农民提供在线浏览、下订单、在线支付等交易的代操作，承担本村物流配送以及向周边农民宣传、推广应用电子商务等工作。同时，服务站还免费为农民提供生产技术咨询、动植物病害远程视频诊疗、测土配方施肥指导、价格查询、求学务工等信息服务，以此来增加服务站的黏性，扩大电子商务宣传力度，以信息服务引导电子商务的推广与应用，实现电商服务与信息服务深度融合。

### （二）吉林省农业电子商务的发展趋势

1. 营销模式不断更新

互联网和电商的结合为农产品创新开拓了全新视野，可以帮助好产品找到对的人，让更多人享用优质的产品。未来，农产品与电商的结合将会更加密切，并且随着4G技术的不断成熟与发展，除搭建平台，利用互联网营销外，将逐步向开发APP，利用微博、微信开设微店等营销模式来扩大产品的销量。

2. 优质、安全农产品将风靡电商网络

食品安全意识越来越受到人们的重视，人们对通过电商销售的农产品

质量要求也将越来越高，电商销售的农产品质量安全问题将会越来越受到人们的关注，可溯源、纯天然、有机绿色的农产品必然会收到消费者的热烈欢迎，风靡电商网络。

3. 物流配套渠道逐渐畅通

随着电子商务触角的逐渐延伸，农资、农产品电商的不断扩大，以邮政为主，乡村客运、草根物流为辅的小包裹物流配送体系，以农资企业物流和专业物流公司相结合的大宗农资产品体系渠道逐渐完善。

4. 农产品品牌化和标准化建设步伐不断加快

电子商务的一个重要特征就是商品的品牌化和标准化，为了适应电子商务发展需要，一方面要大力推进农产品品牌战略，实施农产品包装化、标准化和销售策略，另一方面，应适当引导广大农民执行国家有关农产品质量等级标准、重量标准和包装规格等标准体系，以减少不必要的资源浪费，加快农业电子商务的发展。

## 二、吉林省农业电子商务发展的特征和主要模式

### （一）吉林省农业电商的发展特征

一是政府推动与市场主体相结合。按照政府推动、市场主体的原则，积极培育农业电子商务市场主体。由吉林省农业综合信息服务股份有限公司牵头，联合有关市场运营主体、农业生产资料企业，实行实体运营。采用产品互换、产品互促、资源共享的方式，借力发展，推动吉林省农业电商的发展。

二是省建平台与县级运营相结合。省里统一建设电子商务平台——开犁网，县级建设运营中心，负责网点遴选建设与管理、培训组织与管理、本地化产品运营推广、当地电商资源整合与优化及本地物流资源组织与协调。

三是专业物流与草根物流相结合。结合吉林省出台的《吉林省政府办公厅关于支持‘快递下乡’的意见》和省政府与国家邮政总局签署了加快推进吉林省快递下乡合作协议，探索一家企业建线，多家企业搭载的模式。小包裹以邮政物流为主，大宗农资以企业物流和专业物流为主并结合当地客运、草根物流等本地资源相结合的物流体系。

四是公益服务与增值服务相结合。围绕电子商务发展需要，整合了12316新农村热线、12582语音短彩信服务平台，同时，开犁网、物联网应用服务平台、远程视频诊疗服务平台、测土配方施肥指导服务平台、易农宝手机APP等为电子商务提供支撑和配套服务体系，形成以公益服务促进增值服务发展，以增值服务推动信息服务应用的可持续发展模式。

### （二）吉林省农村电商的主要模式

一是政府引导推动与企业主体运营相结合。在省农委成立试点工作领导小组，协调争取省里出台相关政策措施，累计投入资金1 500多万元。省农信公司具体负责电商平台的开发建设与运营管理。

二是自我发展与寻求外部合作相结合。在重点打造本土电商平台的同时，积极探索与淘宝、京东等国内知名电商企业合作，推动吉林省农村电商加快发展，实现买全国、卖全国。

三是电商服务与信息服务相结合。充分发挥吉林省强大和成熟的信息服务优势，支持电商服务产业链延伸、保障力提升，实现公益服务与增值服务互促共进。

## 三、吉林省农业电子商务遇到的突出问题

从目前情况看，吉林省农业电子商务发展同浙江、上海、江苏、福建等发达省市相比还有一定的差距，还处于起步阶段。

一是农村电子商务发展的政策环境不够完善，支持电商发展的土地、税收、物流等配套政策支撑体系不健全。

二是涉农生产、加工企业电商应用水平不高，缺乏龙头企业，致使电子商务交易规模不大。

三是农村社会发展电商氛围不浓，互联网发展水平与应用普及程度不高，农民参与电子商务热情不足，电商人才缺乏。

四是完备的物流配送系统仍未形成，单个物流企业的物流配送系统不够健全、覆盖面小、配送成本过高。

## 四、吉林省支持农业电商发展的政策措施

2015 年，吉林省相继出台了《吉林省人民政府关于促进互联网经济发展的指导意见》（吉政发〔2015〕10 号）、《吉林省人民政府办公厅关于支持“快递下乡”的意见》（吉政办发〔2015〕16 号）等 10 余项政策措施，明确提出了要拓宽电子商务领域，构建电子商务产业体系，加强农业领域电子商务，加快完善开犁网、淘宝特色 · 吉林馆等涉农电子商务平台建设，扩大吉林农产品和特色产品的网络销售。采取“政府 + 运营商 + 平台”模式，推进市（州）、县（市）等地方特色电子商务馆建设，通过开设地方特色产业带，拓展覆盖范围，提升品牌影响力。推动有条件的专业市场建设网络交易平台，为中小企业提供网络联合购销服务。推动农资下乡电子商务建设，引导有条件的县、乡、村开展电子商务试点，在农村建设一批标准化村级信息服务站（电子商务网站），培训一批懂电子商务操作的村级信息员。强化农产品溯源信息服务平台功能，推进农产品溯源信息系统建设，提高精细化管理和安全责任可追溯水平。同时，加快物流体系建设。大力发展快递、仓储和物流规划咨询、物流信息系统、供应链管理等智慧物流，培育领军企业。加快物流和服务平台建设，支持发展物流公共信息平台、电子商务平台等重

大现代物流项目，完善中心商务区、居民社区、大专院校、产业园区网购商品投送公共设施和农村网络代购网点。依托阿里巴巴菜鸟物流、传化集团公路港建设，在全省布局和投资中国智能物流骨干网节点，建成国内重要的智能物流枢纽，推广线上线下相结合的智能物流发展模式。依托电子商务产业园区，谋划引进国内速递装备企业落户，发展速递装备产业。依托长春兴隆保税区、珲春经济技术开发区和四平电商产业园区（商城港），培育建设现代物流中心。加强物流标准化建设，加快全省物流信息整合，推进物流大数据应用，建立跨境电子商务智能物流体系。这些政策措施的出台，为促进吉林省农业电子商务的发展提供了有利的保障。

# 上海市农业电子商务发展报告

上海市农业委员会

农业电子商务正在从“成长期”向“发展期”过渡，大型电商企业纷纷开拓农村市场，各类服务于城市的涉农电子商务企业也纷纷涌现。上海市积极推进电子商务在农产品领域的应用，不断利用信息化促进传统农产品批发市场转型升级。一是实行“菜篮子”区县长负责制，扶持、监测和考核常态化，确保农产品优质上市，供销平衡。二是发展产销对接和电子商务流通，重点支持农产品电子商务、冷链物流与追溯系统的深度融合。三是应用物联网技术和移动互联网技术优化农产品供应链，搭建产销服务信息平台。

## 一、上海市农业电子商务发展现状和趋势

### （一）发展现状

#### 1. 基本情况

上海作为国际化大都市，农业经济占比虽不足 1%，但是农产品消费水平始终处于全国前列。随着电子商务的蓬勃发展，全新的商务模式已经渗透到了农业领域，并对整个农业经济产生巨大影响。2014 年，上海市农业生产总值实现了 322.07 亿元，农业电子商务交易额 22 亿元，在全市电子商务交易额中的占比为 0.2%。其中，生鲜农产品类电子商务交易额 6 亿元，同比增长 77.4%，占整个商品类网络购物交易额的 0.3%。目前，上海涌现出不少具有引领示范效应的农业电商企业。如上海菜管家，自 2009 年 12 月上线至今，平台销售额平稳增长，2014 年实现了 2.38 亿元，同比增长高达

217.2%。其他生鲜电商网站，如美味77、海客乐、易果网、都市菜园、天天果园等，也都有较高的增长率。

### 2. 政策扶持力度加强，农业电子商务发展空间凸显

上海市根据国务院《关于加大改革创新力度加快农业现代化建设的若干意见》要求，结合自身发展情况和优势条件，重点开展各电子商务企业农产品电子商务平台的建设与推广工作，包括农产品产销服务信息平台，以及农产品冷链物流全程监控与管理平台等，加快推动从农产品生产至销售终端全程追溯的应用系统的建设和应用。上海作为全国农业物联网区域试验省市以来，积极推进物联网技术在农产品电子商务的编码管理、包装标识、仓储、冷链、物流等环节中应用，实现统一编码、包装和标识的规范管理，实现仓储、物流、配送的高效管理，创建最快速度、最短距离、最少环节的新型农产品流通方式。物联网技术的推广应用，为上海农业电子商务的发展创造了有利条件。

### 3. 智慧农业建设加快，农业电子商务得到有效保障

根据现代农业的发展需求，上海市围绕农产品开展物联网技术应用示范工程建设，提升农产品安全监管能力，保障农产品质量。在光明米业水稻种植基地建设了10多万亩物联网综合应用示范基地，开展粮食作物安全监管应用示范。采用二维码载体与实时网络传递相结合的方式，在8个市境道口建立了供沪动物及动物产品检疫监督信息管理系统。率先运用植入式动物电子标识对能繁母猪实行了电子身份证管理，使能繁母猪保险在投保、核保、出险、无害化处理以及理赔实现全程信息化管理。以200多家蔬菜标准园共6万多亩绿叶菜种植基地为实施重点，应用电子标签、条码等技术，记录绿叶菜生产过程中的施肥、用药、灌溉、采收、农残检测等信息，实现了绿叶菜安全生产质量管理可追溯。目前，上海已经建设了12个农业物联网应用示范基地及示范企业，“智慧农业”的示范成效已经开始显现。

#### 4. 生鲜电商发展迅速，农产品流通领域扩大

上海是个超大型城市，政府长期以来一直关注菜篮子工程，给予了很多特殊政策，电子商务在生鲜农产品中的应用，给菜篮子工程增添了新的活力。电子商务对生鲜农产品流通的影响不断加深，不仅减少了流通环节、缩短流通时间、降低流通成本、提升流通效率，而且倒逼农产品标准、冷链物流、安全追溯体系建设，促进农产品现代市场体系的建立。从上海的情况看，生鲜电商经营品种主要以蔬菜、水果、牛奶及高端肉品为主，由于减少了中间流通环节，生鲜电商企业仍有一定的利润。2014 年，上海农产品中心批发市场与上海唐镇电子商务创新港正式签署了生鲜农产品电子商务基地战略合作协议。光明集团官方生鲜电商平台——都市菜园，自 2005 年创立以来，依托母公司拥有的近五万亩国内最先进的大型日光温室和无公害蔬菜基地等现代农业设施，建成为全市近 1 000 个超市卖场、菜市场、社区直供点、连锁餐饮、团膳等服务的农产品交易平台。

### （二）发展趋势

#### 1. 生鲜冷链电子商务物流将逐步完善

2014 年，天猫、京东商城、1 号店、苏宁易购等平台纷纷发力生鲜领域，为生鲜电商市场带来了强劲的驱动力，市场培育进程提速，市场规模快速扩张。为了适应生鲜农产品电子商务的发展，2014 年上海市冷链物流配送公司数量比 2013 年翻了近一倍之多。为了完善冷链物流配送，未来则必须要结合物联网等信息技术，积极改进冷藏配送技术，尽量减少流通环节，提高流通效率，降低流通成本；为了发挥上海市冷链物流的优势，将在邻近省市设立分销机构和配送站点，将农产品的网上销售推广到长三角；大力发展第三方物流公司，加强对冷链配送技术、生鲜农产品冷藏技术的研究，积极培养冷链电子商务领域人才。

### 2. 涉农 O2O 电子商务模式有更多创新

创新涉农 O2O 电子商务模式是创新上海农产品流通的必经途径。上海的一些现代农业产业园已利用现代信息技术，将线上增量与线下体验互为补充，把现代农产品消费体验推送给客户，形成了客户的自提模式，这在丰富用户采购体验的同时，也降低了农产品的中间损耗与销售成本。基于已有的这些经验，未来要结合农业的特色产品相服务，有意识地形成上海市农产品品牌，推动 O2O 的农业经营模式不断发展，促进农产品销售渠道不断完善。

### 3. 跨境生鲜电子商务将有明显发展

上海自贸区的成立，为跨境电子商务的发展提供了巨大的空间。在自贸区内，根据一线完全放开的政策，实施货物自由进出，为国际货物进入上海自贸区提供很大的便利。为配合跨境电子商务的发展，上海自贸实验区将建设大型的仓储中心，网上订单完成后，货物可直接在自贸区仓储中心进行分包配送，可实现跨境电子商务和国内电子商务几乎相同的配送速度。这将极大的提高国内普通消费者对跨境电商的购物兴趣，也保证了生鲜类农产品物流配送方面的可行性。

### 4. 农业电子商务技术创新不断加强

农业电子商务技术创新主要体现在电子商务交易、认证、支付、集成等关键技术以及应用软件、智能终端开发方面的技术创新，加快成果转化及产业化进程。依托“互联网 +”行动计划，促进物联网、云计算、大数据、新一代移动通信等信息技术与传统农业相融合，转变农业生产方式，带动传统农业转型升级，实现农业自动化、标准化、智能化和集约化的精细发展。

## 二、上海市农业电子商务发展特征和主要模式

### （一）发展特征

#### 1. 生鲜农产品电子商务发展迅猛

2014 年上海市生鲜农产品类电子商务增长迅猛，交易额全国领先。2014年，上海市生鲜农产品类电子商务交易额达到6亿元，同比增长77.4%，占整个商品类网络购物交易额的 0.3%。其中重点企业菜管家的交易额为 2.38 亿元，同比增长高达 217.2%。2014 年，上海市涌现出一大批增长快速的涉农电子商务企业，如菜管家、天天果园、易果网、美味 77、海客乐、都市菜园、一亩田、两鲜网、厨易时代、牛奶商城等。1 号店、顺丰优选、百联网上商城等综合性网站也涵盖部分生鲜商品。除了上述平台，一些水产养殖大户通过微信平台营销，一批传统销售企业将社区作为发展网络营销的突破口，采用基于社区的 O2O 模式，用本地化服务将高高在上的“网上卖菜”拉低到市民面前。

#### 2. 农业电商交易平台功能不断完善

农业电商交易平台一直是上海农业信息化发展的核心动力。西郊国际农产品交易中心自成立以来，便作为上海市唯一的中心农产品批发市场。通过构建“一级批、全覆盖、现代化、国际化”的农副产品集散枢纽，打造一个农产品大流通、大贸易、大服务的现代化平台。2004 年 8 月，该中心启动了自营电子商务平台的建设，突破了传统交易模式，加强了农产品产销衔接。作为上海最大的水果生鲜电商，天天果园 2014 年销售额突破 5 亿元，与 2013 年相比增幅达 150%，自 2009 年成立以来连续保持三位数增长。天天果园在整个供应链上实现均衡发展，通过加强源头优势、优选供应渠道、自建专业仓储冷链配送以及建立客户服务标准和体系等举措，打造全新的

“综合供应链”来整体提升用户满意度，实现企业的长效发展。

### 3. 新兴农业电商平台继续涌现

2014 年，上农批进出口农产品的 O2O 电子商务平台正式上线，更多国家的优质进口农产品得以从该平台入市，从而推动进出口农产品流通效率的提高，降低流通成本。除此之外，上农批还发起成立了上海首个生鲜类 O2O 电商基地，集聚大量生鲜农产品电商企业，以电商品牌化的力量，探索线上线下全新的运营模式。上海磐康网络科技有限公司旗下重要线上服务平台之一康品汇，借助互联网思维，采用“店网联合、平台运作”的 O2O 经营模式，以中高端社区实体店作为客户体验中心，以电商技术实现便捷的线上下单及“一小时送菜到家”服务，在上海拥有 10 余家康品汇生鲜直营及加盟店。

### 4. 物联网信息技术应用广泛

“菜管家”将物联网技术应用于冷链物流，研制了适应物流业务过程、设施和环境应用要求的感知设备产品，规划出适应农产品冷链物流应用特点的传输网络体系，建设了冷链物流车辆监控指挥管理平台、农产品冷链物流作业平台和农产品安全追溯应用系统。“海客乐”有机食品以物联网建设为方向，将打造由生产与销售预测系统、农产品安全溯源系统和农产品电子商务平台组成的一个综合平台；多利农庄应用先进的物联网技术建立起全国范围各基地的人、车、物、信息等物联网监控系统和大数据平台，实现对全国市场和生产基地的智能管控；上海都市生活企业发展有限公司通过建设生产数据采集、视频监控、生产预警、仓储物流、农产品追溯等模块，串联农产品从生产到销售全过程数据；国兴农电子商务有限公司以果蔬物联网为切入点，建设基于葡萄种植的物联网系统，实现环境指标的远程监测、历史数据的统计输出、现场设备的远程自动控制。

#### 5. 社会化媒体塑造农业电子商务品牌

近年来，由于物流技术的改进，农业电子商务模式逐渐被商家采纳，一些反应灵敏的农产品电商开始利用社会化媒体进行产品推广和品牌营销。上海鲜果电商代表天天果园自 2013 年 1 月份就在微信上开设了其官方微信号，为商城提供货品选购、移动支付，其移动支付支持包含支付宝、微信支付、网上银行以及线下货到付款等。天天果园还通过腾讯旗下的综合购物网站易迅，率先在微信“精选商品”卖场上推广一些抢购活动。上海菜管家也曾在微信公众平台开展团购活动，只要 5 个人便可凑单成团，所有团员可以惊爆价购买食材，活动以优质、低价、本地特色、参与门槛低为特色。

### （二）主要模式

#### 1. 第三方交易平台模式——“菜管家”

上海菜管家通过农产品产销直接对接的模式建立了第三方农产品交易平台。通过订单农业等形式带动农业合作社的产品销售，目前已形成从基地种植、分拣包装、仓储管理、冷链配送到网络销售的一体化经营模式。数百家上海郊区知名农业合作社及各省市的农业龙头企业与菜管家签订了产品战略合作协议，数以千计的优质农产品、土特产在网上就可以轻松订购。自 2009 年底菜管家平台上线以来，经过近五年的运行，截至现在，注册用户已突破 19 万名。推销 600 余家专业合作社各类农产品近 1 800 余个品种，为拓展农产品销售渠道、农民增收做出了应有的贡献。2011 年销售额 3 562 万元，2012 年销售额 5 120 万元，2013 年销售额 7 500 万元，2014 年销售额达到 2.38 亿元。

#### 2. 网站与实体门店相结合模式——“同脉食品”

“海客乐”是上海同脉食品有限公司有机食品专卖店及自有产品的商标。目前已有包括蔬菜、水果、肉类、水产等超过 1 000 种的自有品牌产品上市销售。公司通过网格化展销配体系与电子商务组合销售模式，以质量保障和优质服务开拓市场，销售额连续三年高速增长，2011 年实现了盈利。海客乐不仅有自己的微信公众号，有时候在公众号上发布新品预告，每个门店还有自己的微信，顾客需要买东西的时候，可以很方便地用微信进行沟通。对于有实体店的海客乐，线上与线下的阻碍就更小了。有很多顾客，早上起来第一件事就是用微信留言预约要买的菜并在线上支付，吃完早饭之后直接到店里拿或者由海客乐的员工直接送货上门，非常方便。

3. 产加销一体化模式——“都市生活”

上海都市生活企业发展有限公司隶属光明食品集团，拥有近五万亩大型日光温室和无公害蔬菜基地等现代农业设施，同时在云、黑、鲁、浙、苏等地建有外延直供基地公司，拥有涵盖全国 14 个地区的 16 个基地，种植面积达 20 万亩，与全国 16 家直供基地建立了合作关系，每年生鲜食品采购规模逾 40 万吨。在上海嘉定、宝山、青浦、奉贤自建了三大配送中心，面积达 60 亩。在全市的超市卖场、菜市场、社区直供点、连锁餐饮、团膳、电子商务等领域拥有 1 000 余个销售配送直供终端，75 家社区直供点，形成了较为成熟的商业模式。2013 年 2 月，秉承“基地直供，新鲜直送”的服务理念，打造从田头到餐桌的全程安全追溯的送菜上门服务体验，率先推出一周三送的高频次、价格亲民的蔬菜配送服务，为市民提供“随心订、随时订、随意换”的一站式便捷生活体验。2014 年 3 月 21 日，推出基于移动端运营的生鲜微店，集成了光明食品集团旗下逾 70% 知名品牌商品，涵盖了近 1 000 种蔬菜、水果、水产、禽肉、粮油、土特产、南北货等优质商品。

4. 会员制模式——“多利农庄”

上海多利农业发展有限公司占地面积 1 750 亩，种植面积 1 200 亩，年销售额近亿元。已经建成“设施菜田、工厂化育苗、种源培育、特色基地、有机蔬菜、仓储保鲜、生产与物流、农业物联网”等 8 大特色产业。目前已经建成对外的有上海浦东、四川九寨沟、海南三亚、海口，正在建设的有上海崇明、四川成都、北京昌平、福建武夷山、云南丽江和宁夏回族自治区（简称宁夏）等基地。有机种植面积总量将达到 2 万亩。现在上海地区有个人会员 10 000 多个，企业会员 100 多个。积极开拓北京市场和长三角市场，初步建立了符合大都市特点的有效营销模式，实现了较好的有机蔬菜盈利和效益。2011 年产值达到 8 700 余万元，净利润达到 2 900 余万元。2012 年产值达到 8 906 万元，净利润 1 215 万元。2013 年产值达 10 395 万元，净利润达 755 万元。

5. 订单加配送模式——农民合作社及农业企业

上海市农口国家级农业龙头企业 19 家，市级龙头 79 家、区级龙头企业 380 家，农民合作社 3 177 家。据上海蔬菜食用菌行业协会提供的数据显示，上海市农口农业龙头企业、农民合作社等从事农产品电子商务具有一定规模的已有 20 多家，如上海正义园艺有限公司、上海城市蔬菜产销专业合作社、上海弘阳农业有限公司、上海绿和园艺有限公司、上海多利农业发展有限公司等。2014 年，这几家从事蔬菜电子商务的企业网上销售蔬菜的经营额达 3 亿多元，占其全部蔬菜销售额的 25% 以上。上海市地产生鲜农产品主要来源于专业合作社、种植大户，大部分供应给上海市当地市民、饭店、食堂。龙头企业发挥其带动作用，提供宣传、物流、支付等专业化服务，在市民集中、交通便利的场所，设置农产品展销、提货网点，将新鲜农产品推广给消费者，将农产品电子商务线上、线下工作紧密结合。

## 三、上海市农业电子商务发展遇到的突出问题

### （一）生鲜农产品标准化难

一般来说，适用于网上销售的产品多为标准化和可鉴别的商品。在实

际运营过程中，一方面，生鲜农产品多由农户单独生产，组织程度分散、生产加工能力低、效率不高、产业的集约化程度低，难以形成严格的质量标准体系；另一方面，尽管目前已形成了无公害标准、绿色标准、有机标准等农业标准化体系，但受利益趋动，也难以保证农产品能够按照农业标准进行生产。质量标准难以控制，则影响到农产品的网上交易，让消费者对网上交易的产品进行选择、辨别产生了困难。生鲜农产品的一个特点是大小、口感、形状不统一。从标准化程度上看，相对于粮油米面等标准化农产品，它的在线销售标准基本上是缺失的，因此买家收到的农产品各项指标参差不齐，很难在网络评价中得到统一的高度好评。这也是影响其网络销售的因素。

### （二）缺乏品牌宣传

农产品缺乏品牌不仅存在于目前农产品电子商务过程中，也存在于农产品贸易中。随着经济的发展，人们消费水平的提高，农产品已经进入了靠品质、品牌竞争的阶段。但农民习惯了传统的农业经营方式，对于品牌意识比较单薄，也没有成熟的运作方式，导致品牌化程度比较低。这不但影响上海农产品市场竞争力也制约了上海农产品电子商务的发展。上海目前有一定数量的农产品品牌。金山区提供了 12 个品牌产品，浦东新区提供了 6 个品牌产品，崇明提供了 9 个品牌产品，奉贤区提供了 13 个品牌产品，嘉定区提供了 2 个品牌产品，因此未来有很大的发展空间。

### （三）冷链物流成本高

生鲜类产品对在冷链物流环节的精细化程度的要求很高。比如有一批农产品货物需要配送，分别是三文鱼、鸡、水蜜桃。冰鲜三文鱼需要 0 ～ 4℃，鸡需要冷冻条件，最好 -18 ～ -15℃，水蜜桃最佳冷藏温度是 7 ～ 13℃。每样产品对温度和环境的要求均有差异，如果严格按照标准要求配送，很难有公司敢接此单。对于生鲜电商来说，生鲜物流的高成本成为一道难以跨越的门槛。虽然有电商为抢占市场做促销，部分生鲜产品价格甚至低于实体超市，但事实上，生鲜产品损耗率大，在仓储物流过程中必须低温冷冻冷藏保存，成本很高。有市场调研显示，对购买生鲜产品持有疑虑的消费者中，70% 的人“担心物流时间过长条件不好，造成生鲜产品变质。”比起普通物流，冷链物流投资巨大，使用成本高。

### （四）缺生鲜电商统一平台建设

从已有的一些 B2C 农产品电子商务企业的网站来看，网站信息的内容质量存在很大问题，搭载过时的信息较多，信息更新慢，时效性差；而在外观设计、网站导航、商品展示、购物流程、商品比较、网站安全、支付方式等方面，也存在着诸多问题，从而使得网站功能不便捷，难以满足消费者挑选比较和一站式购物的要求，对消费者缺乏足够的吸引力。与此同时，许多 B2C 农产品电子商务网站并不提供在线售后服务，客户服务比较落后，这也制约了 B2C 农产品电子商务的发展。通过调研发现，往往只有合资企业和独资企业的电商网站，日均访问量可超过 5 000 次以上。说明了很多本地电商各自为战，多数网站没有吸引力，少有人问津，没有起到电子商务的功能。

### （五）消费习惯难转化

目前的网民结构中，以年轻人居多，而年轻人又多属于不做饭一族，尽管有部分年轻网民习惯于网络购物，也偶尔会通过农产品电子商务网站给家中购买相应的农产品，但农产品购买主流的还是中老年人。中老年网民数量近年来增长比较快，但对于网络购物，还是多持观望态度，活跃的消费者数量少。中老年人基于传统消费习惯更倾向于可见到实物的、体验式的消费，对于虚拟网络购物仍会心存疑虑，特别是对农产品而言，因为直接与身体健康相关联，更是害怕在网上购买到的农产品的质量不过关，危害身体健康，从而放弃通过B2C农产品电子商务网站购买日常菜蔬。因而形成了“上网的人不买菜，买菜的人不上网”这样一种尴尬的境地。

## 四、上海市支持农业电子商务发展的政策措施

2012年3月，上海市政府印发了《上海市电子商务发展“十二五”规划的通知》，要求探索电子商务服务“三农”模式，建立和完善农产品流通服务体系，建设统一高效的农产品流通公共信息平台，使其成为农产品信息汇集、供需对接和价格发现的中心。完善农业企业ERP系统，推进本市农产品网上产销对接、农商对接、农超对接等。建立电子化的大宗农产品交易市场，推动上农批、江桥、江杨、西郊国际等农产品批发市场打造或完善电子商务平台。建设农产品信息追溯系统，形成来源可追溯、责任可追究的信息追溯链。

2014年4月，上海市委农村工作办公室、上海市农委印发了《2014年上海市农业农村人才工作要点》，要求继续加大对生产经营型职业农民和社会服务型职业农民的培训力度，以专业大户、家庭农场主、农民合作社带头人，以及农村信息员、农村经纪人、农机服务人员、统防统治植保员、村级动物防疫员等为主要培训对象，着力提高其生产技能和经营管理水平。在培训方法上，分市、区县两个层次开展，全年完成1.5万人次的培训。搭建人才信息服务平台，在全市范围内基本建成以信息技术为主要手段，统一规范标准、动态维护管理、多级多层应用的农业农村人才信息服务系统，为农业农村人才工作的政策制定和宏观管理提供适时准确的数据信息，为农业农村人才提供公共信息服务和个性化互动服务。

# 江苏省农业电子商务发展报告

江苏省农业信息中心

农业电子商务是互联网经济的重要内容，是创新农产品流通方式，促进农业增效、农民增收和农村经济繁荣的有效途径，党中央、国务院高度重视。今年，继李克强总理在全国“两会”上提出“互联网+”发展战略以来，国务院先后出台了发展电子商务培育经济发展新动力、推进“互联网+”行动的指导意见、促进农业电子商务加快发展的指导意见等政策文件。10月14日，国务院召开常务会议，部署加快发展农村电商工作。江苏省委、省政府也十分重视互联网经济和农业电子商务工作，先后出台加快发展电了商务、加快互联网平台经济发展的指导意见，进一步推动江苏省农业电子商务发展，促进农业创业增收。

## 一、江苏农业电商发展现状和趋势分析

### （一）发展现状

近年来，江苏省上下把发展农产品电子商务作为促进农产品流通、增加农民收入、加快农业转型升级和推动农村经济发展的重要途径，积极采取措施，扎实有力推进，农产品电子商务工作取得较好成效，全省涌现了一批开展网络营销的农业市场主体、一批农村特色网店，特色农产品上网销售初见成效，为促进农业产业发展和农民就业创业发挥了积极作用。

一是特色农产品上网营销初见成效。据初步统计，2014年全省利用网络营销农产品180亿元以上，成为广大农民创业增收的重要渠道。特别是近

几年，各地雨后春笋般涌现了一大批开展农产品电商的市场主体，“沙集模式”叫响全国，丰县苹果、沭阳苗木、苏州阳澄湖螃蟹、无锡水蜜桃、高邮咸鸭蛋、靖江肉脯等特色农产品上网营销蔚然成风。2014 年，仅睢宁县就有网商 9 400 多名、网店 11 000 多家，直接从业人员近 4 万人，带动就业 6 万多人。2015 年上半年宿迁市农产品网络销售额达 13.5 亿元，“一村一品一店”经验在全省推广。2014 年，全省农村网络销售额 780 亿元，江苏省“淘宝村”由 2013 年的 3 个猛增到 24 个，支付宝发布的全国网络支付百强县，江苏有 26 个，位居全国第二。

二是农业市场主体电商技能逐步提高。以实施农业信息服务工程等为契机，加强对农业市场主体的信息化知识特别是电子商务技能培训，大大提高了广大农民网络营销操作技能，增强了参与市场的能力。2015 年，在全省开展了农产品电子商务万人培训计划，目前已全面完成，累计培训近 13 000 人，有力提升了农业市场主体电子商务能力，壮大了全省农村电商队伍。

三是农业电商平台不断发展。近年来，全省各地加强农业电商平台建设，引导扶持农业市场主体在知名电商平台开设网店或自建区域电商平台，网店、微信、微博、APP 数量大幅上升。扬州、苏州、南通等地涌现了“惠生活”“淘豆网”“寿都密码”等一批影响力较大的农产品电商平台。全省涌现了淘宝特色中国·南京馆、京东宿迁馆、苏宁中华特产·江苏馆等一批地方特色馆。金坛闻名农副产品网等一批农产品营销平台运营水平得到较大提升。

四是农业电商发展环境加速优化。全省各地党委政府高度重视农业电子商务发展，制定政策，加大投入，积极改善农村交通、通信、物流等农村电商发展基础设施，加快建设电子商务产业园并积极组织农产品生产加工企业入驻，大力开展农村电商培训，扶持电商中介服务机构（企业）发展，积极提供条件，促进农村淘宝等电商项目落地。盱眙县注册物流企业近 100 家，快递企业 36 家，覆盖所有乡镇，新沂市自建物流仓储，为农村农业电商发展创造了良好条件。2015 年，农村淘宝已在大丰、射阳等 10 多个县（市、区）落地，全省新增京东农村合作点 200 个，苏宁农村直营店 60 多家。

江苏省农业电子商务取得了一定成效，具备了加快发展的良好基础，但与农业电商的巨大市场潜力相比，仍处于起步阶段，与浙江等先进省份相比，还存在一定差距，与农产品电子商务自身特点相比，还存在需要配套完善的地方。

## （二）发展趋势分析

当前，在国家推进“互联网 +”行动的大背景下，农业电子商务将与农业产业深度融合，呈现如下发展趋势。

一是快速化。近年来，中央和各地出台了一系列扶持政策，鼓励广大农民积极开展电子商务，农村交通物流仓储等配套设施不断完善，智能手机等移动终端加速普及，农业特色产业加快发展，有效降低了农业电商从业成本，大大调动了农民参与农业电子商务的积极性。

二是区域化。农产品生产消费、农资经销、休闲观光农业均具有较强的地域性。尤其是生鲜农产品不耐储、易变质，加之冷链运输物流成本较高，因此，同城（区域）配送成为农产品特别是生鲜农产品电子商务的重要发展方式。农业电商将呈现区域化发展趋势。

三是专业化。垂直类农业电商因其能更好满足消费者个性化需求而更加受到青睐，农业电子商务市场将逐步细分，向专业化方向发展，同时，农业电子商务发展相关的物流配送、咨询服务、包装设计、产品分等分级等也将日益专业化。

四是国际化。互联网技术的进步推动了经济发展的全球化，国内国际两个市场的农产品双向流通以及对农产品多样化需求的不断增强，有力促进了跨境电商的发展，农业电子商务发展将呈现国际化的趋势。

## 二、江苏省农业电商发展的特征和主要模式

### （一）特　征

#### 1. 依托地区特色产业，形成农业电商集群

江苏是农业大省，名特优新农产品众多。近年来，江苏省农业产业化步伐不断加快，无公害农产品、绿色食品、有机农产品和地理标志农产品不断增多，全省有效“三品”数量达 1.7 万个，农产品地理标志产品 34 个，“三品一标”总量规模全国第一。各地积极顺应电商发展潮流，通过“互联网 + 产业 + 公司（合作社）+ 农户”的模式，逐渐形成了极具地方特色的电商集群。徐州睢宁县沙集镇的东风村、兴国村、宿迁的大众村围绕家具产品，形成了具有 4 318 家网店、年交易额达 20.3 亿元的家具产业；宿迁充分发挥农产品特色优势，围绕“优质水产、花卉苗木、健康畜禽、绿色果蔬”四大板块，积极推动“一村一品一店”发展。沭阳县是传统的花木之乡，周圈村、解桥村、新槐村和堰下村拥有网上花店 2 181 家，年交易额达 5.7 亿元。

#### 2. 网上购物日益普及，农村消费市场潜力逐步显现

根据支付宝发布的数据，2014 年全国支付百强县江苏有 26 个，充分显示出江苏农村地区强大的网络支付和消费能力。尤其是电商起步较早、发展较快的地区，网店数量较多，同时也是网购比较活跃的地区。如宿迁市颜集镇堰下村、无锡阳山村、南通川姜镇三合口村、徐州沙集镇东风村、连云港牛山镇西蔡村、扬州西湖镇金槐村等淘宝村的村民，网购的比例已经达 60% 以上，网购的商品涵盖服装鞋帽、家居用品、家电数码、玩具、食品等。

#### 3. 各大电商平台触角下沉，农村市场备受青睐

近年来，阿里巴巴、京东商城、苏宁云商等大型电商平台纷纷推出了

自己的农业电子商务发展战略，积极抢占江苏省农村市场。阿里巴巴推出“千县万村”计划以来，已经在江苏省大丰、沛县、泗洪、东台等10多个县（市、区）落地生根。苏宁云商在全国建设800多个苏宁易购服务站，其中在江苏农村地区就设立了250多家，目前正在加速扩张。京东商城推出“渠道下沉”战略，在宿迁市宿豫区210多个农村电商合作点，覆盖宿豫区所有行政村，同时，京东金融逐步将京东白条金融服务引入农村市场。大型电商平台在江苏省农村地区纷纷布局，有力提升了农村信息化服务水平，带动了大量农民从事网络销售和进行网络购物。

## （二）主要模式

江苏省农业电子商务起步较早，尤其是近年来呈加速发展趋势，有效带动农民就业创业，促进农民增收致富。发展过程中主要涌现出以下几个发展模式。

### 1.“能人带动”发展模式

随着互联网的日益普及，农民自发利用网络销售产品，在获得初步成功之后，拓展业务范围，衍生线下生产加工产业链，从简单的网上销售演变成生产+销售+服务，带动了一系列支撑配套产业发展。典型代表是徐州睢宁县沙集镇，沙集镇当地村民从在网上销售简易拼装家具起步，逐渐发展成为具有特色的家具设计、生产、销售的产业集群，2006年，村里的年轻人孙寒开起了第一家网店，取得初步成功后，村民们纷纷效仿，短短4年，村里的网店生意从无到有，东风村的家具远销北京、上海全国各地。网络销售及加工业发展带动了板材生产加工、五金配件、物流快递等业务发展。2014年，仅东风村就有网店3 000家，网络销售额达20亿元。

### 2.传统产业衍生发展模式

传统产业具有完整成熟的产业链，使得网店发展有丰富的产品资源可以利用，中小企业由传统的线下业务拓展到网络线上业务，南通川姜镇家纺产业就是一个典型的例子。川姜镇拥有三合口村、义成村、老南村和塘坊村四个电商村，主营家纺用品，2014 年电子商务交易规模达 1.36 亿元。川姜镇发展电子商务优势明显，产业链成熟，拥有全国最大的家纺专业市场——南通家纺城，2014 年市场成交额 550 亿元。从 2008 年首批中小企业发展电子商务开始，每年都有大量的家纺企业转向电子商务。目前，川姜镇有个体工商户近 6 000 户，其中，电子商务运营户占 50%。

### 3. 政府引导发展模式

地方政府在农业电子商务发展中起重要推动作用，通过出台相关扶持政策，提供公共服务，引导农民走网络创业道路。宿迁市耿车镇大众村曾经是塑料加工的代名词，环境污染严重。时任村支书与村主任到徐州、苏南、浙江等地考察后，迅速召集村干部开会，动员村民在网上开店，在村干部示范带动下，陆续有村民加入网上销售大军，他们从山东购买设备，办起了加工厂，自己生产并在网上销售，目前，村民开设网店 358 家，电子商务年交易额达 2.57 亿元。

### 4. 地方特产产品驱动模式

依托地方知名特色农产品资源，开展网络营销，拓展销售渠道，进一步推动特色产业做大做强。苏州市消泾村是江苏省现代渔业示范村，拥有渔业生产面积 9 630 亩，一年生产大闸蟹 626 吨，同时消泾村拥有一个大型大闸蟹交易市场，消泾村坐落在阳澄湖水源保护区范围内，大闸蟹品质上乘。2008 年，消泾村的几个年轻人接触到电子商务，开始在网上销售大闸蟹，一年下来，取得了一定成绩，紧接着，越来越多的养殖户加入电商队伍，赢得了丰厚的利润。

## 三、江苏农业电商发展遇到的问题

近年来，江苏农业电子商务发展迅速，成效初显，但同时也遇到不少问题，面临一些困难。

一是竞争力强的特色优势农产品不多。农村网店经营的商品大多是初级农产品，质量不高，附加值低，且同质化竞争现象较为普遍。像丰县水果、阳澄湖大闸蟹这样质量较高，像沭阳花木这样种类较全、价格较低，像阳山水蜜桃这样质量高、品质独特而网上畅销的农产品还不多。

二是经营比较分散，总体规模较小。目前来看，江苏省农村开展农业电子商务的市场主体大多是家庭或个人，普遍处于家庭作坊式的初级经营阶段，总体规模较小。据调查，截至 2014 年年底，江苏省 16 个淘宝村共开设网店 8 953 家，年交易额 42.06 亿元，其中年交易额低于 10 万元的网店占 46.25%，农业电商活跃程度不高，抵抗市场风险能力弱。

三是农业市场主体电子商务知识技能欠缺。目前江苏省农业劳动者普遍年龄较大，受教育程度相对较低，普遍缺乏电子商务知识和操作技能，尤其是网店运营推广、美工设计、搜索排序优化、数据分析等专业技能普遍匮乏，制约了农业电子商务发展。

四是农村基础配套设施及服务体系还不完善。农产品尤其是鲜活农产品保存时间短、容易变质，虽然江苏省快递物流体系已经逐步向农村扩展，但因农产品物流须快速或采用保鲜技术，且目前物流终端大都不能到村，势必增加物流成本。农业电子商务融资服务、摄影服务、网店运营技术培训等配套服务体系还不完善。

五是农产品标准化程度较低。近年来，江苏省“一村一品”“一镇一业”农业特色产业取得较快发展，但农产品尤其是生鲜农产品绝大多数缺乏统一标准，标准化程度较低，不能适应农业电子商务需求，较易引发买卖双方产生歧义，这也影响了农业电子商务发展。

## 四、江苏支持农业电商发展的政策措施

江苏历来高度重点电子商务工作，先后出台一系列政策措施加以鼓励扶持，已经出台的政策意见如下。

（1）《省政府办公厅关于实施农业信息服务工程的通知》（苏政办发［2005］80号），加强江苏农业商务网站建设，加强地方特色农业网站建设。充分利用农业网站平台，积极组织引导各类市场竞争主体学网、上网、用网，创办自己的网站，调动他们进行网上营销、产品展示以及信息收集、发布的积极性，进一步提高信息和信息技术在生产经营中的应用水平，提高各类市场竞争主体的信息化意识，促进农产品流通和销售。

（2）《省政府办公厅关于实施农业信息服务全覆盖工程的通知》（苏政办发［2010］52号），强化农产品网上营销平台建设。以扩大农产品网上营销为主要任务，改造升级"江苏农业商务网"，建设"江苏优质农产品营销网"，重点突出产品展销、交易洽谈、网上订购、网上支付等功能。积极组织优质农产品信息在"江苏优质农产品营销网"上刊登，拓展江苏优质农产品营销渠道。组织引导农业龙头企业、农民专业合作组织、种养大户等农产品生产经营主体，在"江苏优质农产品营销网"及国内其他知名电子商务网站开设营销店。加强特色农产品营销网站建设，选择具备农产品生产、加工、仓储条件和农产品营销能力较强的涉农企业、农民专业合作组织、农业行业协会等，建设具备网上支付功能的特色农产品营销网站，推介当地特色农产品，促进特色农产品网上营销。

（3）《省政府办公厅关于加快电子商务的意见》（苏政办［2014］60号），扶持农业电子商务加快发展。统筹建设农村综合信息服务平台，开展农民用网培训，推动电子商务向农村延伸。支持农业经营主体应用电子商

务，采购农业生产资料，销售农特产品，提高生产经营与市场需求的对接度。扶持有条件的农业企业建立网络营销平台，开展农产品同城配送业务。扩大全国农村商务信息服务试点范围，积极开展农产品网上购销对接。推动电子商务企业与“万村千乡”市场工程合作，对全省农家店进行信息化提升，在中心镇和行政村建立网购商品自提点。依托大学生村官、回乡创业青年建立服务点，开展网上代购代销服务，支持快递企业扩大农产品代购代销业务，促进农村地区电子商务发展。

（4）《省政府关于加快互联网平台经济发展的指导意见》（苏政发〔2015〕40号）：推动电子商务平台向乡镇和农村延伸，鼓励有条件的企业开展农产品网络营销和同城配送业务。

（5）《省政府办公厅转发宿迁市人民政府关于发展“一村一品一店”促进农民创业增收情况的通知》（苏政办发〔2015〕67号）：培育新型农业经营主体带动农民创业、发展农业电子商务带动农民创业、引导一二三产业融合发展带动农民创业、壮大特色产业带动农民创业。把农业电子商务作为推进农民创新创业的重要领域，大力扶持“一村一品一店（网店）”发展，以电子商务引领优势特色产业发展和农产品销售，带动农民返乡创业、自主创业。

（6）正在制定并准备出台的政策意见：拟以江苏省农业委员会名义出台江苏省农产品上网营销扶持意见。从促进农产品上网销售、建设农产品网络营销平台、成立农产品上网营销服务组织及开展农产品上网营销服务等方面，对农产品上网营销主体进行扶持。

# 浙江省农业电子商务发展报告

浙江省农业厅产业信息处

近年来，浙江省农村电子商务快速发展，深化了“互联网+三农”的发展模式，逐步向农村的消费、生产、生活等各领域延伸。以“益农信息服务社、淘宝村、遂昌赶街”为代表的电子商务村取得较好发展，有效扩大了农村消费、增加了农民收入、激发了农村创业，从而有效带动了经济社会的和谐发展。

## 一、农业电子商务发展的现状和趋势

农业电子商务是覆盖农产品生产、销售、供应等各个环节，以农产品供求对接为基础，包括信息、交易、结算、运输等全程电子商务服务。2014年，全省网络零售额达到5 642亿元，同比增长48%，总量约占全国的1/5，其中县域网络零售额占网络零售总额的1/3以上，乡村网络零售额占零售总额的近10%。据不完全统计，2014年，浙江省农村青年网上创业群体约18万人，电商为农村新增就业岗位约50万人，并呈快速上升态势。全省农产品网络零售额超过180亿元，同比增长80%，2015年1—9月全省农产品网络零售额超过204亿元，同比增长70%，约占全国农产品网络零售总额的22.5%，继续走在全国前列。

### 1. 农业电子商务发展势头强劲

据阿里研究中心2014年统计，在阿里平台上经营农产品的网店数为76.21万家，其中零售平台卖家74.98万个，同口径较2013年增长60.57%，完成农产品销售483.02亿元，较2013年增长69.83%，2014年在阿里平台上，完成农资产品销售 25.10 亿元，同比增长 188.46%。从具体农产品看，茶叶是淘宝网销量最大的农产品，其次是枣类、坚果；蜂制品、南北干货、药食同源食品；新鲜水果、海鲜水产、新鲜蔬菜等生鲜农产品网络销售也开始加快。

2. 农产品交易快速增加交易额大幅增长

据 267 家问卷调查统计，2010 年前开始参与电子商务的单位为 78 家，2010 年后新增 189 家。2012 年全年达成农产品网上交易 10.2 亿元，2013 年网上交易 16.6 亿元，同比增长 62%。同时，电子商务在企业总销售额中所占的比例上升，2014 年农产品网上零售额约占全部网络零售额的 3% 以上，70.1% 的受访对象认为电子商务销售额明显上升。

3. 传统农业企业看好农产品电子商务

84.3% 的受访对象认为电子商务对拓展新客源和新市场作用明显，59.6% 认为能提升企业的市场竞争能力。尽管目前有 60.9% 的受访对象在电子商务这一块仍处于略亏或基本持平状态，但仍有 92.6% 的受访对象对电子商务发展前景表示非常看好，并不断加大人员、资金等要素投入。除专业大户外的 245 家问卷调查受访企业中，有 196 家单位设有电子商务部门，从事电子商务的技术和客服人员达 1 620 人。

4. 农业部门以益农信息服务为载体，着力推进信息进村入户

以村级便民服务中心为基础，以“平台共建、资源共享、渠道共用”为原则，联合相关部门强化涉农服务资源整合。遂昌县引入嘉言民生事务服务有限公司作为平台运营商，整合政府、企业和社会组织的资源，开展“打包”服务。2014 年，建成益农信息社 150 个，服务资源涵盖电力、通信、保险、银行、电商、物流、旅游等领域。

5. 第三方平台开始重视农产品网上交易

阿里巴巴、京东商城、1 号店等大型电子商务平台对农产品网上交易逐

年重视，将农产品电子商务视为网络交易增长新的推动力和重要业务拓展。阿里巴巴重点推动特色中国馆，加快复制地方馆建设。2014 年 10 月，阿里巴巴集团发布了“千县万村”计划，宣布将在未来 3 ～ 5 年之内，投资 100 亿元，建设一个覆盖 1 000 个县、10 万个行政村的农村电子商务服务体系。截至 2014 年 12 月，全国已有淘宝村 211 个，同时全国涌现了 19 个淘宝镇。主要分布在 10 个省市，其中，浙江 62 个、广东 54 个、福建 28 个、河北 25 个、江苏 24 个，在全国占比超过 90%。

## 二、农业电子商务发展的特征和主要模式

### （一）特　征

一是以“淘宝特色馆”为载体，建设农产品网络销售平台。按照省政府与阿里巴巴战略合作协议内容，浙江省农业厅积极推进省、市、县三级的淘宝特色馆建设。目前，全省已建成 20 个淘宝特色馆，入驻网商 5 000 余家，2015 年上半年销售额已突破 10 亿元。

二是以电商园区为载体，建设农村电商产业发展平台。充分利用“腾笼换鸟”出来的工业厂房、仓储用房等存量房产和土地资源，加快推进电子商务园区建设。目前，全省已建成电商园区共 154 个，其中县域范围的园区 62 个，平均入驻企业超过 100 家，较好地实现了区域内各类资源的整合，逐渐成为电商产业发展的集聚地和创业创新的孵化器。

三是以淘宝村镇为载体，建设农村电商产业集群。加强与淘宝村发展的指导和政策支持，在商务促进资金中安排一定金额用于淘宝村公共仓储和服务中心的建设，提升淘宝村镇发展水平。目前，全省拥有 62 个“淘宝村”、6 个“淘宝镇”，分别占全国总数的 29.4% 和 31.6%，均居全国首位。阿里巴巴农村淘宝自去年 10 月在浙江桐庐开出第一个农村淘宝服务站后，一年

内已覆盖全国 27 个省 6 000 多个村，发展了近万名返乡青年成为农村淘宝合伙人。

农产品电子商务简单分为三个层次。一是只提供产品介绍；二是不仅提供产品介绍，还提供供求信息、价格行情、在线客服等；三是在上述基础上，实现网上交易、在线支付、快递送货。调查显示，现有 70% 的受访对象处于第三层次。

## （二）主要模式

一是农业综合信息服务模式。2005 年浙江省建立集通信联系、电子政务、电子商务、农技服务于一体的——浙江农民信箱。已有实名注册用户 270 万，日平均网站页面访问量 200 万人次。近三年平均每年发送农产品买卖信息 22.1 万条，用户发布农产品买卖信息，通过信件回复和电话联系洽谈，达成交易额 15.3 亿元，减少产品营销支出 8 307 万元，每个用户发出的信息均可追溯，有效解决了网上信息的诚信问题，初步实现了农产品买卖信息的有效对接。

二是农业企业 + 网店模式。农业龙头企业利用第三方电子商务平台开设网店，或自建商务网站开展网上交易，由于背靠企业自身生产基地和自有品牌，因此比较容易获得网上消费者的信赖。浙江省农业厅对 120 家市级以上农业龙头企业调查，2014 年企业销售总收入 314.93 亿元，其中电子商务销售收入 22.45 亿元，占企业销售总收入的 7.13%，2014 年电子商务销售比上年增加 8.23 亿元，增长 57.9%，平均每家企业电子商务销售 1 870 万元。

三是农户 + 协会（公司）+ 平台模式。遂昌网店协会（遂网电子商务有限公司）于 2010 年 3 月成立，专职员工 120 多人。协会以发展网商、服务网商为核心，为会员提供从产品开发、代采购、物流、仓储、代发货、技能培训、配送、拍摄、图片制作、品牌推广等系列服务，已拥有网店 2 000 多家，网货供应商 200 多家，第三方服务商 40 多家，包括物流、快递、银行、电信等。网店协会向上整合资源，实现农副产品集约化营销；向下引导网上创业，提供免费培训、实现零成本开店，集中农产品分销，形成了独特的遂昌模式。电子商务从业人员 5 000 多人，带动就业 2 万余人。2014 年网上销售总额已近 5 亿元，比去年同期翻了一番，遂昌模式——赶街已在浙江复制了 15 个县，全国复制了 12 个省，32 个县。

四是农企 + 委托运营商 + 平台模式。部分传统农业企业一方面看好电子商务，另一方面却受制于技术力量、传统观念的束缚，对直接操作电子商务信心不足，因此委托有经验的第三方运营商代理其产品的电子商务业务，第三方电子商务运营商通过收取委托服务费、交易提成等方式获得相应利润。如丽水市六江源绿色食品有限公司委托浙江赛农电子商务有限公司，做电子商务外包服务，于 2012 年 11 月开设天猫六江源食品旗舰店，2014 年网上交易额已达 350 万元，目前，浙江赛农电子商务有限公司已对 3 家农业企业做起电子商务外包服务。

五是农户利用第三方平台做电子商务模式。在第三方平台做电子商务的大多是农村青年，依托当地的农产品优势资源和产业集聚度，在第三方平台上开网店。如临安市坚果电商超过 1 100 家，其中专业农产品电商 26 家，农产品线上年销售额达 15 亿元，昌化镇白牛村有 43 个农户在淘宝网上开网店，主要经营山核桃及其他坚果，全村 2014 年网上销售额近 2 亿元。

## 三、农业电子商务发展遇到的突出问题

一是农产品地方馆有一轰而起之势。在调查中发现许多市县正在着手筹建特色中国地方馆，据了解，在淘宝网上开设特色中国地方馆，有比较严格的准入条件，其模式是政府 + 运营服务商 + 第三方电子商务平台，其中政府在品质监管和食品安全上要备书，并且给予政策扶持。平台推广促销费用

省级馆 2 000 万元、市级馆 500 万元、县级馆 200 万元。农产品电子商务是一个发展趋势，但要按经营能力和地方发展条件循序渐进，不能一轰而上，避免重复建设造成浪费。

二是促销活动频繁促使销售成本上升。淘宝网是免费开店的，天猫只接受取得国家商标总局颁发的商标注册证或商标受理通知书（商标为 R 或 TM 状态）的自有品牌企业开店，在天猫上经营必须交纳保证金，品牌旗舰店、专卖店带有 TM 商标的 10 万元，全部为 R 商标的 5 万元；专营店：带有 TM 商标的 15 万元，全部为 R 商标的 10 万元；还需缴纳技术服务年费，农产品类目的为 3 万元。第三方平台是综合性的网购平台，农产品网店往往被淹没在其他网店之中，要吸引消费群的网购欲望，需要参加第三方平台的推广促销活动，活动种类多，收费形式多，稍大一点的网店一年仅促销的广告投入就需要 20 万～ 30 万元，一般要占到产品交易额的 5% ～ 10%。参加促销活动目的是增流量扩销量，基本是微利销售，甚至是亏本销售。主要是提升网店流量聚集人气，非常类似实体超市的促销活动。调查对象普遍认为收费推广促销活动的宣传效果远远好于其他一些宣传方式，有些网店因为这种方式宣传费用过高而选择放弃，因而影响到他们销售量，随着网店的增多，这种竞争会愈来愈激烈。

三是农产品电子商务的诚信与信誉问题。上网销售的农产品都有一个品牌，但很难保证都是原品牌生产业主生产的，正牌销售与冒牌销售消费者分不清，口感、颜色、形状、大小等每个产品都不同，即便相同产品也有一定的差别，很难有具体的标准来管控，出现好的掺差的、大的掺小的，以次充好的现象时有发生，引起差评、投诉和纠纷。淘宝对一般商品有相对比较强的控制力来解决信任度的问题，包括买家确认支付，如果买到假货可以由淘宝先赔钱等，但对于农产品，淘宝也很难解决这些诚信方面的问题。

四是农产品物流配套培育不足。农产品与工业品不同，是有生命的动物性与植物性产品，有季节性，易腐性、品种多，级差大、保鲜难等特点，在物流过程中对包装、装卸、运输、仓储有特定的要求，尤其是冷链物流能力不够，物流经营难度大成本高。目前生鲜农产品只限于在高端消费人群和团购单位做配送，生鲜水果、生鲜水产网上销售大多集中在城区范围内配送。

五是农村电子商务人才极其缺乏。开网店不光有货真价实的产品，还要有营销的手段，如网店美工、产品摄影、编写产品介绍、信息采集、在线客服、营销推广、市场行情分析、促销活动策划、在QQ、微博、微信、论坛传播产品信息等等，都需要有计算机和网络知识以及实际操作技能，但当前电子商务人才供需矛盾突出。一是招聘难。据调查，66.8%的受访对象反映存在招聘困难情况，有经验的美工、摄影、文案等员工年薪均超过10万元，对中小型农产品电子商务企业来说压力很大。二是留用难。因地域的经济水平、人文环境、待遇、企业文化等各种因素，技术人员流动频繁。据调查统计，有近30%的受访对象受此困扰。

六是电子商务法规建设滞后，促进措施亟须加强。近几年，物流、支付、安全认证等电子配套有所发展，但还跟不上电子商务的发展速度，尤其是物流配送的服务质量和网络安全和信息保护等需要进一步提升。尽管现有法规对一些经济活动有相关规定，但在互联网条件下，商业模式和经营方式在不断创新，很多经济活动难以用现有法规来规范，加上网络违规行为具有迷惑性和隐蔽性，急需加快电子商务法规体系建设。

## 四、支持农村电商发展的政策措施

### （一）给予财政支持

根据农村电子商务发展实际需要，按照进一步加强省级财政专项资金管理工作的要求，通过省商务促进资金安排相应的资金用于支持建设农村电商公共服务平台、电商产业基地、村级电子商务服务点和电商人才培训工作。鼓励各级财政安排专项资金重点用于支持电子商务平台、电商园区及农村信息通信基础设施的发展和建设。

## （二）给予税费支持

对农业生产者通过开设网店等方式销售自产农产品免征增值税；对电子商务企业向农民直接购进农产品进行销售的执行农产品增值税抵扣相关政策。对列入《浙江省电子商务产业基地名录》和《浙江省电子商务服务企业名录》的农村电子商务经营企业，经税务部门批准可减免地方水利建设基金；对列入上述名录的农村电子商务经营企业，发生严重亏损，纳税确有困难，报经税务部门批准，可减免城镇土地使用税和房产税。

## （三）给予融资支持

充分发挥农信机构的金融服务作用，对农村电子商务相关项目给予信贷支持，简便办理手续，并延长贷款年限。要加大对农村青年，特别是农村电子商务创业、电子支付应用带头人的授信及贷款支持，促进他们创业发展。鼓励银行业金融机构对农村居民网络购物给予消费信用贷款，实行优惠利率。

## （四）给予建设用地支持

优先支持农村电子商务创业园、产业基地、仓储物流、信息通信基础设施等建设项目用地。鼓励农村集体留用地建设电子商务创业园、产业基地和仓储物流。

## （五）给予其他政策支持

普及农村宽带、移动互联网应用，鼓励运营商对农村电子商务创业园、产业基地、电商企业、村级电子商务服务点的宽带资费给予优惠，具体措施由商务、通信行政主管部门和运营商协商落实。

# 福建省农业电子商务发展报告

福建省农业厅

当前，农业电子商务发展迅猛，正在深刻改变着传统农产品流通方式，成为加快转变农业发展方式、完善农产品市场机制、推动农业农村信息化发展的新动力，对发展现代农业、繁荣农村经济、改善城乡居民生活的作用日益凸显。加快发展农业电子商务，能有效引导市场主体广泛参与，促进资源要素合理有序流动，消除妨碍公平竞争的制约因素，推动全国农产品统一市场的进一步完善，更好地发挥市场配置资源的决定性作用。

推进农业电子商务，将产业链、价值链、供应链等现代经营管理理念融入农业，可以促进现代信息技术与传统农业全面深度融合，推动农业生产由以产品为中心转变为以市场为导向、以消费者为中心，倒逼农业生产标准化、品牌化，优化农业生产布局和品种结构，发展高产、优质、高效、生态、安全农业，实现农业发展方式根本性转变，提高农业产业素质和国际竞争力，为新型工业化、信息化、城镇化和农业现代化同步发展拓展新的空间、增添新的动力。

## 一、现状和趋势

福建省委、省政府高度重视农业信息化工作，出台了推动农村电子商务发展行动方案等一系列鼓励政策。各地在推进现代农业的建设中，积极发展农产品电子商务，大力培育农产品电子商务市场主体，实施农产品电子商务应用培训计划，引导各类农业经营主体与电商企业对接；着力培育一批具有影响力和引领示范效应的农产品电商企业和品牌，取得了可喜进步。

## （一）引领本地农产品电子商务企业不断壮大

中闽弘泰、茶多网、春舞枝、新罗区培斜村、华威菜多多、沙县大通蛋业等本地电商企业致力于福建省农产品的网上营销，促进了全省农产品电商的推广和应用。茶多网创立了全国“茶叶价格指数”，成为全国农产品电子商务标杆企业；春舞枝网成为全国花卉苗木交易的风向标；中闽弘泰号称淘宝铁观音第一店，店主王思仪成为90后创业的代表人物。福建大渔村电子商务公司立足福建水产资源集散地东山岛的丰富海产资源，依托公司所在地——福建东山东海岸公共保税仓的海峡西岸大规模商业物流冷库群和公共贸易平台及安全快捷完善的物流配套服务，打造先进的大渔村商城电子商务平台，现已入驻天猫、淘宝、工行融e购、建行善融商务、微信商城等销售平台，销售额每年都在翻倍递增。光泽聚易电子商务有限公司自2014年10月正式运营以来，仅一年时间，就发展了光泽本地分销商20多家。如今，该公司通过互联网每天销往全国各地的订单已达100笔以上，预计今年销售额可达到1 500万元。

## （二）推动本省农产品电子商务平台加快构建

中国农产品交易中心“全球吃”农产品电子商务平台也于第十三届中国国际农产品交易会期间上线启动，使之打造成能够为数万亿网商提供海量商机信息和最便捷安全服务的国际农产品在线交易市场成为可能。夏商集团依托产业链优势，做强做大“菜篮子”“米袋子”核心主业，所经营的蔬菜、猪肉、蛋品、水产品、冷冻食品等分别占全市供应量的60%～90%，形成了“从田间到餐桌”的全产业链、全服务链的网络体系，掌控近5万亩种植基地、年出栏量达100万头生猪基地，拥有农副产品批发市场10个、农贸市场20多个，百货、超市、便利店等零售网点70多个，营养餐网点100多个等，为其实现线上线下融合发展创造了条件。2014 年 12 月“夏商新生活”网上商城正式上线，目前在售商品 1 016 种，其中农副产品 537 种，占在售商品 53%。厦门象屿集团的吉象吉送网上购物商城采用城市 O2O 综合购物模式，以“送货更快、商品更多、价格更低”的理念，经营产品种类涵盖果蔬生鲜、食品酒水等 12 个大类，产品和服务范围包罗万象一应俱全，涵盖厦门全市居民日常生活的方方面面。闽中有机食品公司积极引入阿里巴巴、京东、1 号店等知名互联网企业，以专业服务聚合农业上下游用户，开设互联网“店中店”，搭建“真田优鲜平台”第三方平台，定点对接肉类，水果、食用油、大米、蔬菜、米粉、豆皮等系列产品上架，加强食品安全行业检测管理。

## （三）发挥本省农业企业和行业协会的带动作用

以农业产业化龙头企业为代表的福建农产品企业、行业协会通过自建电商平台（含企业门户网站）、委托第三方电商平台、依托淘宝、天猫、京东商城等电商平台多渠道开拓农产品营销。南安世纪之村电子商务平台、泉港海峡两岸农产品电子商务园区、华威物流电子商务平台不仅是彰显企业文化，宣传产品和品牌的平台，同时成为企业降低交易成本，扩大市场销售，凸显品牌效应不可或缺的现代交易方式。2015 年 8 月福建农产品电子商务协会正式成立，第一届协会会员单位共有 74 家，涵盖农业、金融、互联网、大数据、政策研究等方面的国家级、省级农业产业化龙头、地方中小型企业以及专家学者和科研人员，基本覆盖福建农业电商全产业链。协会成立当天，同时顺利举办福建省农业电商高峰论坛，来自各行业农产品电商专家围绕互联网 + 农业、农业互联网大数据、电商食品安全等问题，把脉福建农业产业发展现状及趋势。宁德市电商协会、电商服务中心等社会组织积极发挥行业协会的作用，为企业普及互联网和电商知识，组建专业营销团队。由古田县食用菌协会及其电子商务分会统一管理的古田县电子商务创业园，目前已入驻企业49家，其中电商企业17家、孵化企业30家、公共服务企业2家。柘荣县电商协会引导58家会员单位的20多种农特产品走进了淘宝、天猫、微店等网络平台销售。福安市葡萄协会组织旗下葡萄种植户，通过“果之道”农产品供应链，销售葡萄。福鼎市电子商务联盟，目前入盟企业已达80多家，主要涉及服饰、茶业、食品、传媒、化妆品等行业。

### （四）扶持本省农产品网上交易量做大做强

本省品牌农业发展迅速，农产品数量品种繁多、质量上乘。淘宝、京东商城、苏宁云商等电商巨头纷纷入驻福建，以其强大的平台功能和线下配送能力推动福建农产品的网上交易。福建名特优新农产品网上交易的品种和数量不断扩大。2014年12月福建省农村淘宝作为阿里巴巴战略合作核心板块之一，尤溪县成为福建省农村淘宝首个试点县，目前，阿里巴巴在尤溪建立了农村淘宝尤溪县服务中心，依托村级信息点，建立了60个农村淘宝店，截至目前，交易额达2 000万元。今年7月，建宁县农村淘宝建宁县服务中心和38个村级服务站在8月底正式开业，截至目前，销售额260万元。政和县农村淘宝政和服务中心，目前已建立村级服务站点42个，确定合伙人33人。福州闽侯县建平村的年轻人发展根雕电商，随着全村根雕木艺的网络销售额逐渐增加，建平村步入“淘宝村”的行列。2014年，“中国木艺在线联盟”交易平台投入使用，投用1个半月，就吸引40多家商户入驻，上线货品价值近3 000万元。另外，三明市于今年初引进农村电商“遂昌模式”——“赶街”项目，通过“线上平台＋本地化服务商＋地方政府/网商协会”的运营模式，实现工业品下乡和农产品进城，目前已在三元区、清流县、明溪县、大田县设立县级运营中心及20多个村级网店，营业额超过300万元。漳州南靖清韵茶场于2003年建有独立茶叶平台，平台建设累计耗资超过 100 万，客户可以在平台上自助下单、在线支付、跟踪物流，基本不需要客服，属于无人化操作，是目前网上客单价最高的茶叶商城，年销售额在 600 万元左右。光照人茶业有限公司在天猫设立旗舰店，2014 年实现电商销售额 136 万元。厦门好年东米业有限公司在天猫、善融设立好年东米旗舰店，年销售额达 120 万；厦门土芭芭农业科技有限公司通过公司网站线上线下年销售额达 260 万；顶丰源生态农业开发（厦门）有限公司采取公司网站推广与微信平台推销相结合的方法，年销售额超过 120 万；厦门恒春园农艺有限公司通过微信平台年销售达 68 万元。

### （五）助推本省新型经营主体加盟农业电商平台

在各级政府的推动下，已有 58 家不同产品类型的农村合作社、农业龙头企业与福建省首家生鲜农产品电子商务平台——华威集团旗下“华威菜多多”电子商务平台建立合作关系。2014 年度菜多多生鲜电商平台平均每月 PV 达 5 640，IP 达 860 个左右。平均每月产生交易额近 30 万元。据不完全统计，有 15 个福州市省级农业龙头企业开展电子商务业务，2014 年它们的电商销售额 17 636.12 万元，占企业年销售额的 2.97%。2015 年 1—3 季度，龙岩市新型农业经营主体中，共有 45 家龙头企业、39 家示范农业企业和 25 家示范家庭农场触网，触网率 50.5%；全市从事农产品电子商务 3854 人；农产品电子商务交易额 5.6 亿元。长汀网络销售草根名星邱姜君，在做电商取得经验后，回家乡发展生姜深加工，目前发展了生姜基地 1 000 亩，上半年网上销售小黄姜产品 1 000 多万元，发展势头好。连城茗匠竹制品公司，2014 年 1 月建立了电商团队，当年网上交易额达 2 000 万元；现有电商团队 30 人，今年可达 5 000 万元以上。连城兰花股份有限公司在解决兰花连砵运输销售问题后，2014 年网上交易额 500 万元，今年可以达 800 万元。

### （六）助力本省传统产业加快重新整合

随着互联网在国内的蓬勃发展，许多传统企业正在对市场、用户、产品、企业价值链乃至整个商业生态进行重新审视，“互联网思维”开始尝试着向传统领域渗透和延伸。为此，由国家龙头企业广东恒兴集团（中资）、美国华人企业国际榕金控股集团及欧亚互动数码技术公司（台商）共同投资建设福建榕金实业公司，落户在海峡电子商务基地，意欲在此打造中国领先的电子商务、移动商务、物联网商务和电子商务“云”服务等现代公共服务业。2012 年，大宗冷链食品交易平台——榕金食品上线。这种模式占据了美国大宗食品交易市场60%的份额。2014年1月，永辉超市正式启动了“永辉微店”，它是一个全新的 OTO 商业平台，将线上“微店”选购、线下“实体店”提货有机融合起来，为消费者带来更加简单、快速、便捷的“掌上购物”新体验。“永辉微店”目前上线的商品达 4 000 多种，经过了一年时间的发展，永辉微店已经在福州、厦门、泉州、漳州、重庆、北京等地区开设共计 15 个服务网点，注册会员已经达到约 24 万人，带动福州本土企业“海峡都市报”成立了专业的配送团队，充分利用社会资源，开辟了异业合作的新方向。

## 二、特征和主要模式

### （一）农业信息服务网络体系发展较快

初步建成以福建农业信息网、福建三农服务网为主体，省、市、县、乡镇信息服务点（站）为基础的农业信息服务网络体系，为广大的农民，基层农业部门和农业企业提供农业产前、产中、产后等信息服务。尤溪县和南安市列入农业部 2014 年全国信息进村入户试点县。连江县、邵武市、将乐县列入2014年省级信息进村入户试点县。仙游县、永春县、长汀县、宁化县、建瓯市列入2015年省级信息进村入户试点县。

### （二）农业电商氛围日益浓厚

5月11日，福建省人民政府与阿里巴巴集团在福州签署战略合作协议，阿里巴巴董事局主席马云在榕表示，农村电子商务是阿里未来三大战略中的第二大战略。7月福建省人民政府办公厅出台《推动农村电子商务发展行动方案》，从激活农村电子商务经营主体、搭建农村电子商务产业发展平台、构建农产品网络销售体系、构建农村电子商务服务体系、推进农村电子商务物流配送渠道建设等五个方面，大力推动农村电子商务发展。

### （三）农业电商内容更为丰富

近年来政府加大力度推动特色农业生产与乡村旅游融合发展，各休闲农业项目充分利用田园景观和农业资源，农业观光、农事体验、生态休闲、温泉养生保健、民俗文化、娱乐健身和科普教育等精品休闲项目均形成了一定的规模，适逢都市人群对休闲乡村游的需求增加，更为新型业态的电商化提供了很好的发展基础。

### （四）农业电商注重品牌宣传

淘宝网"特色中国·福建馆"主推福建省企业生产的"三品一标"产品（有机产品、绿色产品、无公害产品、地理标志产品），以及中华老字号产品、中国驰名商标产品、省著名商标产品、各级农业产业化龙头企业产品和特色工艺美术品等。厦门三秀山、菌秀、皇蓝旺、嘉昌隆、丽田园、鑫美园、御蔬佳、旺源隆等专业合作社建立网站，宣传推介合作社产品；欣禾丰、皇蓝旺、臻豪康等合作社在淘宝网开展产品推介销售。

### （五）农业电商模式多样

目前福建省农业电商模式主要分为以下五种模式：一是“网站建设+产品销售”模式。主要是由企业自主或者合作研发建设网站销售平台，并由企业自身负责产品销售。二是“网络平台”模式。由企业开发网络销售平台，提供给各个电子商户自主运营。三是依托网络平台模式。依托其他电子商务网平台，借助这些平台经营销售产品。四是企业网站模式。为了及时宣传企业、推介企业，部分企业拥有自己的网站，并在网站上开通销售企业产品。五是社区支持农业（CSA）模式。福州市有伦生态农业有限公司用B2B电子商务模式介入农产品销售，用B2C模式进行安全农产品销售运营，再以O2O体验式营销进行配合，线上线下联动发展，建立了田间直达餐桌农业产销型经营模式，解决了市民餐桌食品安全问题和农民卖菜难问题。让农户在有限的土地上，获得更多收益。

## 三、突出问题

随着信息化时代的到来，农业与互联网的结合已是必然。为了进一步拓宽福州市特色农产品销售渠道，促进农民增收，农村电子商务的发展势在必行。福建省在这一方面尚处于探索阶段，存在问题如下。

### （一）农村信息化基础薄弱，互联网使用率不高

农村信息化基础设施配套建设推进缓慢，农民仍保持集贸市场交易、批发市场交易等传统交易习惯，大部分农民网上获取信息和上网发布信息的能力弱。据不完全统计，今年部分年产值超亿元的龙头企业普遍存在电子商务发展基础薄弱、销售不力的突出问题，亟待解决。如厦门银鹭食品集团有限公司、惠尔康集团有限公司、福建同发食品集团有限公司目前电子商务发展

计划仍不明确；福建安井食品股份有限公司年产值突破 13 亿元，1 至 9 月份通过天猫销售额仅 38.7 万元；厦门银祥集团有限公司年产值突破 34 亿元，今年网络销售额不到 30 万元；厦门中盛粮油集团有限公司年产值突破 33 亿元，今年 9 月份才开始布局电子商务，销售额仅 2 万元。

### （二）农业互联网市场广阔和政策滞后矛盾

消费者越来越习惯通过互联网购买产品和服务，互联网 + 前景广阔发展迅猛，同时推进发展的政策滞后，各部门等在推进年轻人就业农村电子商务方面尚未形成合力。要尽快吸引越来越多的以前只向往到城市打工的具有互联网思维的“新农民”创造出更多模式的“互联网 + 新农业”。

### （三）农产品物流配送体系不健全，尚未形成完善的农产品物流配送体系

刚起步的农产品电子商务公司大多是以批发市场为基础发展起来的，品种多、生产单位小、组织化程度低，加上在生鲜配送过程中，产品损耗比较大，运营成本高，物流技术难度高。发展农产品电子商务，物流体系的建设尚待推动。

### （四）农产品标准化水平较低

当前，农产品标准化程度低，是制约其实现农业电子商务的最大瓶颈。因此，加快农产品标准化建设，是大力发展农业电子商务的基本前提。农产品标准化建设要突出重点抓好质量标准体系、包装标准体系和品牌管理体系建设，尤其是要抓好农产品的分类和质量描述规范管理。从目前各农业企业公司网站和相关平台销售的农产品分类与质量描述管理上看，较多存在产品分类名称不科学、产品宣传图片不统一、质量描述不规范等问题，直接影响

着农产品信息的准确传递，也不利于提高农产品流通的速度和交易量。

### （五）农民信息化程度低，电子商务人才匮乏

福建省农村劳动力外出转移比例高，留守务农人员呈现老龄化现象，且文化程度偏低，接受新事物能力弱，缺乏“互联网”思维。县域对人才吸引力偏弱，培训体系不完善、人才培养周期长，人才技术的短板已成为县域电商发展的一大制约因素。部分涉农企业对应用电子商务所带来的巨大商机缺乏前瞻性的估计，加之电子商务建设投资大、周期长、维护难，难于发挥电子商务对农业产业和配套产业的带动作用。在愈发激烈的电商市场竞争中，即便是管理相对“粗放”的农村电商，也急切要求有较高素质的电商人才流入农业电子商务领域。其中最缺推广、美工设计和数据分析三类人才。

## 四、政策支持措施

### （一）加强领导　高度重视

成立省农产品电子商务发展领导小组，领导小组办公室设在省农业厅，具体负责此项工作。各级农业部门要高度重视，将此项工作纳入重要议事日程，及时成立相应机构，争取专项工作经费，培养专业技术人才，发展培育骨干企业，推动工作顺利开展。

### （二）广泛宣传　营造氛围

各级农业部门采取多种形式，加大对电子商务发展的宣传力度，积极普及电子商务知识，广泛发动社会各界参与电子商务发展。充分发挥各类媒体的舆论导向作用，通过开辟专题、专栏，广泛宣传报道农产品电子商务优秀企业和典型人物，营造良好的发展氛围。

### （三）密切协作　齐抓共管

各级农业部门加强协作配合，形成工作合力，共同推进工作开展。特别是联合发改、工信、财政、国土、科技、人社、税务部门和各金融机构，围绕各自职责，切实落实各项扶持政策，进一步优化发展环境，完善服务体系，全力支持农产品电子商务发展。

### （四）政策扶持　多措并举

《福建省人民政府办公厅关于加快电子商务发展九条措施的通知》（闽政办〔2015〕89号）提出打造闽货自营电子商务平台、打造闽货自营电子商务平台、加快商贸服务业线上线下深度融合、促进农村电子商务发展、支持跨境电子商务快速发展、助力自贸试验区建设、推进电子商务育才工程、支持企业做大做强、进一步加强融资支持等九条措施促进全省电子商务加快发展。福建省人民政府在《推动农村电子商务发展行动方案》（闽政办〔2015〕110号）中明确了全省农业电子商务发展目标、主要任务、政策措施及组织保障，以促进电子商务对破解“三农”问题、促进农村经济新一轮发展发挥重要作用。

# 广东省农业电子商务发展报告

广东省农业厅

## 一、广东农产品电子商务发展现状与趋势

广东省位于热带、亚热带地区，特色产品丰富，经济较发达，具备了较好的农业信息化基础设施，为广东省农产品电子商务产业的发展奠定了坚实的基础。近年来，广东电子商务发展增长迅猛，2014 年全省电子商务交易额增长 30%，全省网上零售额增长 70.7%，增速远高于全国 56.2%，相当于社会消费品零售总额的 2.3%，拉动社会消费品零售总额增长约 1.1 个百分点。

### （一）广东网购规模增长拉动农产品电子商务消费市场

广东较高的消费能力加速了农产品电子商务的发展，数据显示，2012—2015 年，淘宝农村消费占比不断提升，从 2012 年第二季度的 7.11% 上升到 2014 年第一季度的 9.11%，华南地区增长尤其明显。在阿里巴巴平台上的广东省农产品卖家数量已经连续几年排名第一，2014 年达到了 9.55 万家，同比 2013 年的 4.66 万家翻了一倍。从农产品消费的地域分布来看，广东领先浙江、江苏，位居第一。从地域分布来看，一是知名的“中国淘宝村”揭阳市军埔村 2014 年电商交易额高达 16.8 亿元。二是茂名水果电商发展迅猛，地区网店同比增加 396 家，增长了 42.72%，去年网上荔枝销售量达 8 500 吨，同比增长 85%，电子商务已经成为茂名水果销售的主力军。三是梅州抓住“互联网 +”时代机遇，大力推进“互联网 + 农业”。构建了以客天下农电商

产业园为核心，以各县（市区）农电商为骨干，以企业农电商为基础的三级农电商发展格局。超过 4 700 种农产品入驻，以“B2B+O2O”的营销模式，推广辐射到珠三角等大中城市，同时借助穗梅对口帮扶成立了“穗梅农业电商联盟”。

## （二）农村网民及互联网普及与应用率稳步提升

近年来，广东农产品电子商务不断发展，交易平台建设数量不断增多，覆盖范围也在逐步拓宽，有力地推进了广东农产品电子商务的发展。截至 2014 年 12 月，中国网民中农村占比 27.5%，规模达 1.78 亿人，较 2013 年底增加 188 万人，广东的互联网普及程度超过全国平均水平，随着农村互联网普及，2014 年，广东农村网民规模增长增长率达到 13.5%，手机网民规模增长 6.5%。全国淘宝村数量 2014 年增至 211 个，其中 54 个在广东，仅次于排名第一的浙江（62 个）。

## （三）农村信息化基础设施建设不断完善

广东省农村信息化基础设施在全国处于领先水平，信息高速公路覆盖全省，镇、村通电率 100%，固定电话普及率 100%，移动通信网络人口覆盖率是 99.24%，有线电视普及率 100%。全省 21 320 个行政村全部接入宽带，广东乡镇区域 4M 带宽覆盖率达 90% 以上，行政村、自然村 4M 带宽覆盖率达 80% 以上。国际互联网已覆盖全省市、县、乡镇。广东省、市、县各级农业信息平台建设初具规模，形成多系统、宽领域的农业信息网站群。广东省涉农网站数量超过 1 500 个，广东农业信息网覆盖了 21 个地市，并开通了广东农产品交易网、广东乡村网、广东省名牌产品（农业类）网等服务平台。基本建成省级农村公共信息服务平台、覆盖全省的农村基层信息服务站点、通畅的农村信息服务高速通道。

## 二、广东农业电子商务发展的特征和主要模式

### （一）支持特色农产品或其他涉农电子商务龙头企业发展

广东省内很多地方政府都纷纷鼓励本地县乡建立大型农产品交易网站，为农户提供专业化的农产品交易平台，以发展线上线下相结合的鲜活农产品网上批发和网上零售，发挥网上交易少环节、低成本、高效率的优势，激发本地优势特色农产品流通企业创新转型。或加大对当地涉农龙头参与到农村电子商务发展的支持力度，帮助企业开发农村市场，为省内广大农村提供农产品供应链配套服务，如深圳市华联粮油贸易有限公司、深商 e 天下、中农网等。

### （二）加快农村快递物流延伸

广东各地政府及有关部门鼓励第三方物流发展，进一步拓宽网货进城、网货下乡的通路。部分市县引进国内大型电商企业通过自建配送体系及与具有农村物流优势的邮政集团合作，依托当地县村服务网络等方式，为网购商品配送提供物流支持。如在广东阳山，目前阿里已建立 30 多个农村电商村级服务站，这些村级服务站被通俗地称为“农村淘宝店”。农民网购商品会通过阳山新农村供销合作社农产品配送公司运送到的各个村级服务站。

### （三）探索建设农产品电子商务综合服务平台

广东省内有条件市县逐步探索构建电子商务系统，拓宽农产品销售渠道。建设农产品电子商务综合服务平台降低生产成本、共同抵御市场风险、增加农民收入。2014 年，穗梅两地政府部门牵头搭建跨区域农业电子商务产业联盟平台，并以电子商务为纽带，整合梅州市农业全产业链的资源与广

州市广阔的市场需求对接，为两市的现代农业发展与城市居民农产品消费搭建起一体化的产供销立体网络平台，这是广东省首家以电子商务平台为载体，将传统农业全产业链与农产品电商（营销）、产品包装、品牌打造、农业金融、物流配送、社区便民等独立的商业模式融合转化为多元化互补的综合服务性的功能平台。

### （四）加快专业农村电子商务人才培育

各部门开展一系列活动鼓励农村青年依托电子商务创业，并积极开展农村电子商务培训，培育农村电子商务创业带头人，如农村青年“十百千万”网络致富工程、“农村青年电子商务培育工程”等。引进或鼓励电子商务培训机构针对农村电子商务进行专业化培训，如揭阳市政府在军埔村里办阿里电商培训班，从 2013 年 7 月到 2015 年 7 月，重点培养 4 000 名电子商务实战人才和 1 000 名企业精英人才，培训近两万人次。

## 三、存在问题

### （一）农产品电子商务基础薄弱

一是农村地区互联网普及程度与城镇地区差距明显，农村地区网民人数偏少，并且广大农民电子商务意识不强。

二是农村电子商务应用水平不高。目前广东省涉农网站总体上来说仍然存在“散、小、乱、杂”的情况，许多网站更新不及时。

### （二）农村物流配送成本高昂

一是广东省农村地区物流节点少，农村物流网络不完善，大多数物流、快递企业只能覆盖到镇级行政区域，不能延伸到行政村。

二是农产品保质期短，从采摘到销售过程中对物流速度要求高，并且农产品在运输过程中碰损率高，从而造成物流成本高。

三是“营改增”后物流企业负担加重，从而间接导致农产品物流成本提高。营改增后物流企业税率由之前的3%提升为交通运输业11%，物流服务业6%。物流企业属于劳动力密集型企业，占物流企业支出费用较大的路桥费，燃料费，人力成本皆无法抵扣增值税，造成“营改增”后物流企业税负大大增加。

### （三）农产品电子商务人才匮乏

一是目前广东省农产品电子商务从业人员整体素质需要提升。农产品电子商务建设要求从业人员既懂农业又了解互联网信息技术，需要“复合型”人才。但目前广东省电子商务从业人员整体专业素质不高，特别是从事农产品电子商务的从业人员的电子商务知识更匮乏。

二是农村地区留不住高素质人才。大部分农村经济基础与城镇地区差距明显，引进高层次的电子商务专业人员很难。

## 四、推动农业电子商务发展的对策及建议

### （一）加大扶持力度

研究出台发展农村电子商务的产业扶持政策，加大农村电子商务政策、资金、税收、招商等方面的扶持力度，积极鼓励招商主体加快引进农村电子商务企业。设立农村电子商务发展专项基金，用于农村基础网络建设、冷链物流发展、信息化平台建设等，引导大型物流企业加快布局农村物流服务网络体系，完善农村电子商务发展环境。加大涉农金融产品创新力度，拓宽农村电子商务企业“政银保”合作贷款融资渠道，设立项目合作机制、风险

联防机制，解决农村电商产业化、农村电商平台、物流服务体系发展的资金问题。

## （二）加强农村信息网络改造

加快推进全省信息进村入户工作，重点推动农村信息基础设施、大数据资源、社会管理和公共服务信息化等领域的建设与应用，提升农村互联网普及率及加快农村电子商务发展力度。整合信息资源，形成农产品供需信息联盟，联合龙头电商企业、农资企业、农民专业合作社、生产基地等共同推进信息进村入户建设工作，自建信息网站及社会其他第三方涉农信息网站，以信息流为主导，结合具体电子商务运营模式，开发农产品信息服务、电商企业信息服务等商务模式，形成农村电子商务商业信息联盟，实现资源共享、信息互通。

## （三）完善物流服务体系

加快构建农村电商物流网络。通过政府引导，制定优惠政策，多渠道筹措资金等办法，推进农村地区交通基础设施建设，加快布局县域、乡镇物流农产品物流配送中心，完善冷链物流配送体系，引导和鼓励电商物流企业构建农村电子商务物流网络。在主要农产品生产基地扶持建立平台和区域物流集散中心，在各地组建综合型、专业型物流中心，在农产品集中市场附件建立集成保鲜中心、配送中心、通过对分拣、加工、包装等程序的控制，进一步降低农产品物流配送成本，提高商品附加值。建设与农产品电子商务运输相适应的的专业冷链物流体系，选择实力强、规模大、基础好的物流企业，扶持指导其建立田头预冷、仓储保鲜、冷藏冷冻混合运输等冷链系统和流通技术，建立专业高效的冷链物流仓储系统。

### （四）加强人才培养和培训

积极推动和完善农村电子商务人才服务机制，探索建立农村电子商务研究与培训基地，加强农村电子商务理论研究与人才培养。探索建立大专院校、技工学校等与电商企业对接长效机制，鼓励校企合作人才培养模式培养农村电商人才，支持大专院校、技工学校与阿里巴巴、淘宝大学等共同开展制订培养计划、专业建设、开发课程体系、组建教师队伍、共建实训基地等合作，培养农村电子商务发展需要的复合型技能人才。出台政策吸引电子商务人才。鼓励和扶持农村青年进行电子商务创业，加强政策引导和开展电子商务知识培训，以农村返乡大学生、大学生村官、返乡创业青年为主体，引导更多农村青年投身电子商务发展。

# 四川省农业电子商务发展报告

四川省农业厅信息中心

## 一、农业电商发展的现状和趋势

### （一）发展现状

2013 年以来，四川省把发展农业电子商务作为促农增收的重要途径，加快建立农业电子商务发展的支撑体系，形成了方便快捷实惠的新型农业流通模式，有力地促进了农业产业转型升级和农民增收。2014 年四川省被列为全国电子商务进农业综合示范省，安岳等 7 个县经过竞争获批全国电子商务进农业综合示范县。2014 年底通过专家评审竞争择优明确了广安等 10 个县（市、州、区）实施省级示范。今年 5 月中江等 10 个县（市）通过竞争获批 2015 年国家级示范县。据不完全统计，截至 2014 年四川省农业专业电商和涉农电商平台近 100 家，农业电商交易额总额已达 180 亿元，2015 年 1—6 月，7 个示范县电子商务交易额预计近 130 亿元，培训人员超过 1.5 万人。但从整体上看，农业仍滞后于城市，同东部地区相比差距明显。

### （二）发展趋势

一是农产品自营模式将日趋完善，农产品自营电商纷纷开放平台业务，同时自建物流和多种模式的其他物流，并下网建设体验店，实现网上与网下相互动。许多成熟自营电商也开放平台，探索“平台 + 自营”，形成立体交易模式。二是农产品电子商务基地建设兴起，许多城市和地区计划建设各种不同类型的农产品电子商务基地，成都市计划在今年底前建设完成5个农产品电子商务示范点（基地）。三是农产品食品安全溯源机制将更加完善，农产品电子商务特别是生鲜农产品电子商务将倒逼农产品安全溯源建设，如有机食品、无公害食品、绿色食品、中国地理标志产品等，都必须具备食品安全及其可追溯的性质，否则就不可能长期生存和发展。

## 二、农业电商发展的特征和主要模式

### （一）搭架自有专业平台，带动地方产业发展

由省农业厅指导的中药材天地网不仅成为全国中药材市场价格和销售数量的标杆，而且在药材标准化方面迈出了实质性的一步；麦味网已成为四川省休闲农业线上销售线下体验的重要窗口，在打造全省专业性、唯一性农业电商方面正奠定强大的技术平台基础。温江区现代农业经营向网络化转型，进一步提升成都花交所、花木电子商务中心功能，逐步构建起以花木产业为主导的现代农业电子商务中心。利用电商平台大力推广“温江造”农产品、温江特色经营主体和温江休闲农业与乡村旅游产品，积极引导农业经营业主以“O2O”模式实现销售市场的拓展，减少流通环节，促进产销对接，助推和倒逼农业生产标准化、商品化、品牌化。2014年，通过网上销售花木和农产品达6亿元。泸州市以畜牧部门引导，业主为主体的互联网销售“泸州畜牧购·天鲜配”域名正在申请注册，泸州益康生物公司、杉树湾林间鸟合作社、聚鑫富硒猪业公司、金凤凰禽业公司、古蔺丫杈猪、田园乐黑猪公司等加入互联网销售网络，建立“生产基地＋网络销售＋物流配送”的营销模式，实现点对点服务和网上交易，从而节省中间的中介流通费，增加企业对电商的信心。2014年通过互联网销售金额仅200余万元，今年有望实现突破。乐山市双艺网上菜市于2014年12月12日正式面向广大消费者，网上

菜市从开业以来，从开始每周 700 ～ 800 元的销售额逐步递增，现已达到每周 2 万～ 3 万元的销售额，忠实客户从刚开始的 30 余人增加到现有的 400 余人，人平均消费水平从 33 元增加到 84 元，消费者对双艺网上菜市的产品赞不绝口。

## （二）借助第三方平台，有效扩大营销范围

青川县大学生赵海伶 2009 年以来由线下到线上拓展木耳销售渠道，目前已分别在双流、嘉兴、厦门、绵阳、安徽等地开设海伶山珍形象店，年销售额达到 500 多万元。2 年内为当地留守妇女老人提供了 1 万多个工作机会。赵海伶也被评为“中国骄子　天府榜样”，2010 年为阿里巴巴全球十佳网商，2013、2015 年度四川诚实守信道德模范，“四川好人・首届感动四川十大年度人物”，CCTV-2014 年三农人物，2014 年度中国乡村好青年，在人民大会堂受到汪洋副总理的亲切接见。仁寿县与京东集团签订合作协议，成为京东全国首个电商试点县，京东在仁寿县建设京东服务中心、完善乡村配送体系、招募农业合作点。2015 年举办了“中国・仁寿第十五届枇杷节暨仁寿首届京东网上枇杷节”，实现网上销售枇杷 10 万千克，从果农手中收购特级果价格为每千克 40 元。阿坝州已有 40 余家农畜生产经营企业、专合社同时开展电视电话销售、微商销售、网店销售等各类形式的电商销售特色农畜产品在 1 000 吨以上，实现销售收入近亿元。尤其是今年汶、理、茂三县通过电商渠道向中高端消费者销售优质甜樱桃 200 多吨，占外销总量的 5% 以上，价格较常规销售增殖一倍以上，销售半径明显延长至北上广深等东部沿海城市。盐亭县“五禾生态农业观光园”通过微信公众号、“五禾农业”微店和自行建立的 O2O 运营平台，2014 年引入的客户约 3 000 余人次，发展消费会员客户 150 人、预充值客户 52 人，增加产品及餐饮销售收入 60 余万元。南充市建设电商网店，直销“千家万户”，新型经营主体已在“淘宝”

等开设网店 50 余家，2014 年实现网销收入 6 000 余万元。消费者只需在家里动动鼠标，就可以直接购买基地农产品，实现产地直销。达州市市级龙头化企业宕府王公司从 2008 年起进驻阿里巴巴、天猫旗舰店等网购平台。

## 三、农业电商发展遇到的突出问题

### （一）基础设施建设亟待加强

农产品标准化程度不高，农产品电子商务包括生产、流通、销售等环节，缺乏统筹协调机制。农产品产地零星分散，物流配送体系和仓储建设相对落后，难以满足消费者日益增长的服务需求。

### （二）观念意识培养亟待跟进

涉农企业、专合社和种养大户等对发展农产品电子商务意识不强，与电商平台缺少有机对接机制，专业人才匮乏，人才流动性大。

### （三）品牌宣传推广亟待解决

全省缺少一个统一的标杆农产品展示和交易平台，每年农产品针对电商统一包装宣传较少，难以整体打造四川省农产品的品牌和形象。

### （四）统筹协调机制亟待形成

全省农业电商多头管理问题严重，包括农业厅、商务厅、科技厅、供销社等部门都涉足了农产品电子商务领域，行业缺少有效的统筹和协调。各涉农电商平台建设各自为政、建管无序、产品交易标准缺失等，成为制约农产品尤其是生鲜农产品电商发展的重要瓶颈。

## 四、支持农业电商发展的政策措施

### （一）政策措施

#### 1. 加强领导统筹推进

省政府成立了由分管省长为组长，相关部门负责人为成员的四川省促进电子商务发展工作领导小组。省政府出台了《四川省促进农业电子商务发展的实施意见》，今年省委1号文件又将推进发展农业电子商务作为农业工作的重点。各示范县人民政府分别成立了相应的推进电子商务进农业工作领导小组，健全统筹协调工作机制，落实工作责任，组织和协调辖区相关部门、企业扎实推进工作。各示范县商务部门分别落实2名以上电子商务信息服务员，乡镇落实1名以上电子商务信息服务助理员，负责收集生产、生活资料需求信息，做好信息收集、上报和购销对接服务。

#### 2. 跨界融合缓解瓶颈

坚持“政府引导，市场运作，企业主体，利益联结，合作共赢”的原则，鼓励和支持各地多形式、多渠道整合资源，建立起“连接城乡、双向流通、虚实结合、平急共用、融合一体”的现代流通体系和电子商务综合服务体系。万村千乡农家店、邮政易邮铺、供销社庄稼医院、电信运行网点等线上线下加快融合，使农业商品流通更加便利、农民得到实惠、企业得到效益。京东、阿里巴巴、赶街网等一批外知名电商企业积极进驻四川省农业，与示范县开展深度合作，积极参与实施方案策划完善、开展业务培训、建设镇村网点、铺设物流站点。通过电商企业与流通企业的合作互动，有效实现了网店下沉。

#### 3. 综合示范探索模式

全省在推进电子商务进农业综合示范工作中，各地在创新探索中总结提升，形成了各具特色的推进模式，涌现出仁寿、中江等一批电子商务进农业的典型县。如：仁寿县依托在本地注册的四川网贸港科技有限公司牵头设立县域农业电子商务综合服务中心，依托 IBM 西南卓越云计算中心大数据处理的技术优势建立“赶场小站”网，整合各类流通渠道资源，跨界融合，渠道下沉，从全县布局电子商务服务站在跨出县域推进电子商务进农业工作，形成了“电商集聚园区”带动模式。资中县依托京川商贸物流、邮政等传统物流企业的物流配送能力延伸服务领域，依托万村千乡企业、新网工程企业等实体商店优化农业网店布局，依托四川资中电子商务集中发展区整合物流企业、农业网店、电商服务企业形成完整的电子商务产业链条，完善农业现代商品流通体系，其“物流企业 + 农业网店 + 电商服务”的发展模式受到省委王东明书记的充分肯定。三台县组织绵阳高水农产品批发市场和天天量贩商贸公司（万村千乡承办企业）合作，建立东航电商服务有限公司，通过线上线下结合，成功地将过去农产品现代流通试点和万村千乡市场工程试点建立的流通渠道通过互联网形式有效连接起来，吸收金融、邮政、供销参与，取得较好效果。安岳县利用安岳柠檬在天津渤海商品交易所挂牌上市带来的品牌带动效应和市场优势，分别以四川雷蒙商务服务有限公司和四川省邮政公司资阳分公司牵头，整合电商平台、农产品加工和商贸企业、快递物流企业，升级改造万村千乡农家店等农业实体店网点，形成电子商务服务团队优势，构建安岳电商大数据管理中心、农业电子商务应用服务体系和县乡村三级电商配送网络。中江县该县与浙江赶街网合作，通过阳光盛源（万村千乡工程承办企业）将现有的农家店改造为网购提货终端和网销服务点，发挥万村千乡企业在农业的购销服务能力和商品配送能力，整体提高农业电商服务水平形成了“万村千乡承办企业 + 电商企业合作改造升级”模式。

4. 培训孵化电商队伍

省市县三级联动，开展“千企万人”电商培训。省级层面分别于 2014

年 11 月 5 日、2015 年 6 月 10 日在成都举办了电子商务进农业综合示范工作培训会，2015 年 7 月 2—3 日在中江召开了全省电子商务进农业综合示范现场会，进一步促进了电商企业与试点县合作，为有序推进全省电子商务进农业综合示范工作奠定了基础。各地分别结合实际举行了市、县、乡（镇）、村各层级的专题培训会，提高各级干部认识，为推进电子商务进农业工作营造了良好氛围。各综合示范县通过设立电商服务中心和网商孵化创业基地，建立了从技能培训到店铺设计装修，从货源组织到开店创业的一条龙培训创业体系，重点针对大学毕业生、返乡农民工、留守妇女、残疾人等进行电商业务培训和开店创业支持。如：仁寿县 2014 年共培训 21 期 5 020 名学员，80% 的学员成功从业，1 400 余人实现成功开店（其中：店铺等级五星以上的 622 人；三颗钻以上的 359 人；五钻以上的 138 人）。

5. 实施品牌战略建设

致力于将地方特色打造提升成为专业品牌，深入推进“一县一品”“一乡一品”产业布局，整合政府、媒体、网络等宣传渠道，通过品牌宣传、农产品标准化建设推广和市场竞争秩序规范，不断提升农户和企业品牌意识，夯实农业电子商务发展基础。如：安岳县通过政府搭台、企业唱戏，举办柠檬花节、开设“安岳柠檬网”等多形式、多渠道广泛宣传，唱响了“中国柠檬之都”品牌，安岳柠檬种植面积达40万亩，产值40亿元。仁寿县在天猫、1 号店等平台上建设运营了多家“特色产品仁寿馆”，在中岗、大化等有条件的村社设立资源采集站，将仁寿特色农副产品统一标识，统一推广销售。仁寿福仁缘枇杷原浆成为京东直供产品，文宫枇杷产业基地成为京东直供基地；5 月 11 日“中国仁寿 · 京东网上枇杷节”期间，枇杷网上交易 23 370 单，合计 490 804 千克，销售总额 271 万元。

## （二）重点工作

坚持政府引导、市场运作、企业主体的原则，重点突出公共服务，为广大生产者、消费者、服务者、管理者提供交易和商务信息服务，以农产品生产流通为突破口，促进全省农业生产经营方式转变和效益提升。力争到2020年实现全省主导产业和主要区域农业电子商务全覆盖，实现农业电子商务年交易额达500亿元。

### 1. 积极转变观念，主动承担发展农业电商责任

把发展农业电子商务作为推动四川省农业现代化发展的重要战略任务，把握国家大力发展“互联网＋农业”的有利契机，努力缩短农产品流通链、降低流通成本、健全市场机制和功能、改进交易方式，促进农业生产经营方式转变，从根本上解决四川省农资下乡和农产品进城的问题。农业部门在农业电商平台的建设和监管上具有重要的职责，具备农产品生产指导、农产品检测、“三品一标”管理、产品追踪溯源建设及市场讯息传播的5个基本优势和条件。农业厅正积极整合分散在农业各领域的农产品溯源系统，搭建全省统一的农产品安全监控与追溯平台。制定统一数据标准、编码规则、操作流程和技术路线，完善系统功能架构，逐步充实农产品范围和数量，为消费者提供安全放心的农产品。

### 2. 开展重点工作，带动农业电商健康发展

一是创建“本土型”农业电商服务型企业，打造四川省农产品线上集中宣传展示和销售推广的农业电商专业展销平台。充分整合利用省内现有涉农电商平台的优势资源，集成现有软硬件设备、网络带宽等，为供求双方提供信息发布、价格行情、行业资讯、仓储物流和“三品一标查询”等配套功能，开发基于手机端的APP应用，提升平台使用率、实用性，整合四川省“12316”惠农短信系统资源，对平台订单和供求信息进行推送。二是打造各

类型农业示范电商企业，每年在农业各领域里选择10家规模较大、富有特色的农业电商龙头企业，授予“四川农业电子商务示范企业”称号，对企业进行以奖代补，逐步提高企业在国内外的影响力。示范企业要通过自身渠道提供所属行业市场动态及价格行情，有效提高自身电子商务销售比重，带动种养殖大户和专合社等致富增收。三是引导各类经营主体入驻农业电商平台，每年组织2 000家以上涉农企业、专合社、行业协会、行政村和种养殖大户入驻统一电商平台，开设专业和特色店铺；每年开设20个农业电商平台实体店铺，宣传线上交易平台，实时仓储配送生鲜农产品。

#### 3. 培养电商人才，保障农业电商健康发展

一是每年开展5 000人次的农业电子商务培训活动，主要针对各级部门业务人员、高校毕业生、大学生村官、商家人员、感兴趣的群众，分类进行政策法规、生产加工、客服课程、推广课程等专业化培训，培养一批实战水平高、业务能力强的专业化“农业电子商务经纪人”，促进城市和农村就业与再就业。二是积极组织省、市、县三级农业信息员培训，开设农业电商专题课程，提高农业部门干部观念意识和农业电商业务知识水平。

### （三）取得成效

#### 1. 引导按需定产，优化了产业结构

通过引入电子商务有效解决了市场信息不对称问题，使农户和企业能够及时、准确把握市场需求、行情信息，调整优化种养结构，并向规模化、标准化、集约化、生态化生产转变，实现效益最大化。

#### 2. 引导创业就业，促进了农民增收

农业电子网店以其进入门槛较低等特点，为立志回乡施展抱负的大学生、村官、青年农民工开辟了新的创业途径和空间。同时，与农业电子商务发展配套的快递、包装、冷链、分拣、代买代卖、营销策划、文案写作等

行业为农民提供了新的就业机会，使他们能够务工与家庭兼顾。据 7 个首批国家级电子商务示范县初步统计，从事农业电子商务创业和就业的农业青年逾万人。如：仁寿县已培训帮助 1 400 多人成功开办网店，其中店铺五星以上等级的 622 人。青川县返乡创业大学生赵海伶开办网络商贸公司，帮助 4 000 多户农户增收。

### 3. 培育新型主体，促进了转型发展

随着农业电子商务的推进，一大批农业商贸物流企业、农资企业、农民专业合作社、农产品经纪人等市场经营主体开始转型发展，成为农业市场新型流通主体，并在农业生产和农业流通现代化进程中发挥领军作用。仁寿县通过发展本地电商，对传统商贸企业、工业企业、专业合作社实施电商化改造，全县已有近 200 户“三上企业”建立了自己的门户网站，近 2 000 户卖家在淘宝、京东等电子商务平台注册。

# 甘肃省农业电子商务发展报告

甘肃省农牧厅市场与经济信息处

近年来，甘肃省省委省政府高度重视电子商务发展，把其作为最具发展潜力的战略新兴产业，立足区位、自然禀赋、特色农业资源优势，全力打造、集中推进。全省农业电子商务发展呈现出步伐加快、成效明显、势头良好的可喜局面。

## 一、甘肃省农业电子商务发展的现状

甘肃省位于西北地区的中心地带，是中原联系新疆、青海、宁夏、内蒙古的桥梁和纽带，是我国西北地区重要的生态屏障和战略通道，在全国发展稳定大局中具有重要地位。改革开放特别是实施西部大开发战略以来，甘肃经济社会发展取得巨大成就，正处在加快发展的重要阶段。甘肃省政府已将发展电子商务作为转变经济发展方式、提升核心竞争力的战略选择。把电子商务服务业打造成甘肃最具发展潜力的战略性新兴产业，将甘肃省建设成为具有持续创新能力和全国影响力的电子商务西部强省。

作为“丝绸之路经济带”的重要节点省份，甘肃具有独特的区位优势、生态优势和文化旅游资源，近年来经济总量不断增强，经济结构继续优化，传统农业向现代农业加速转变，全省电子商务加快发展。据统计，2014 年，甘肃省电子商务市场交易规模达到 1 200 亿元，其中，网络零售额 220 亿元，分别较 2013 年增长 40% 和 45%。兰州获批国家电子商务示范城市、酒泉获批国家电子商务示范基地、甘肃惠森药业科技集团“药材盈”综合电子商务平台成为第一批国家中药材电子商务交易应用示范平台。

### （一）优势产业电子商务应用逐步深入

#### 1. 特色农产品

甘肃已有 20 多个特色产品获得国家地理标志认证，275 个地域特色农产品通过省级地理标志资源评审，为甘肃特色农产品电子商务发展提供了优势资源。2014 年 4 月，整合了全省 14 个市州 3 000 余种产品的淘宝网“特色中国—甘肃馆”上线，以兰州百合、苦水玫瑰等甘肃特色农产品作为主打商品，短时间内取得高速增长，兰州百合的销售一度占据淘宝网同类商品第二位，苦水玫瑰的销量也排在前十位，成为我国西部地区电子商务发展的亮点。陇南市成县以网上核桃销售为契机，带动全县电子商务异军突起，已开办特色农产品类网店近 4 700 家，累计实现销售额超过 1.15 亿元，成为全国知名的电商县。

#### 2. 中药材

甘肃中药材资源丰富，素有中国“药材之乡”美誉，养生类中药材枸杞、当归、甘草、锁阳等市场前景看好，为发展电子商务提供了产品基础。目前，甘肃企业主要通过第三方平台和自建平台两种方式拓展中药材电子商务。“千年药乡”宕昌县按照“企业 + 农户 + 基地 + 协会”的模式开展电子商务，目前已在淘宝网、阿里巴巴、买卖通等交易平台开设网店 220 家，实现销售额超 800 万元；甘肃惠森药业科技集团自建中药材电子商务综合服务平台“药材盈”，对中药材产品信息进行编码归类，制定了完善的中药材仓储、商品规格等系列标准，创新中医药行业电商模式，打通中药材行业上下游各个环节，提高了中药材流通效率。

## （二）电子商务产业链条初步形成

### 1. 平台交易服务

依托第三方平台开展交易。甘肃企业（个体商户）主要通过阿里巴巴、中国制造网、慧聪网等开展 B2B 内外贸电子商务，目前在阿里巴巴平台上注册商户有 1.4 万余家，中国制造网上注册的企业数 5 000 余家，慧聪网上的注册企业达 6 万余家；天猫和淘宝是甘肃企业和个人开展网络零售的主要平台，淘宝“特色中国—甘肃馆”“特色中国—陇南馆”已先后上线。

自建平台开展电子商务交易。甘肃本地电子商务企业发挥本地资源优势，已培育出以“秀宝网”“药材盈”“陇萃堂”等为代表的特色行业垂直平台。由兰州银行打造的“三维商城”是甘肃省最大规模的自营综合性电商平台；酒泉“巨龙农网”已成为集农资销售、物流配送为一体的业内领先的专业平台；张掖市自建全省最大的微电商服务平台，积极帮助中小型企业开展电子交易活动。

### 2. 电子商务配套服务

甘肃已初步形成包括软件开发、电子认证、信用服务、电商咨询、电商代运营等较完整的电子商务产业服务链条，甘肃天狼电子商务有限公司、甘肃淘一郎电子商务有限公司等多家电商服务企业快速成长，为传统产业和电子商务提供配套支撑服务。兰州银行推出“三维易付”为多家电商平台企业提供在线支付服务；推出“e 融 e 贷投融资平台”，采用 P2B 方式，通过互联网募集个人投资为甘肃省中小企业提供融资服务。

## （三）支撑环境进一步完善

### 1. 信息化

截至 2014 年年底，甘肃省互联网出口带宽已突破 1T，全省宽带用户

200 万，宽带入户率约 40%，已具备发展电子商务的网络用户数量基础；全省 2G、3G 网络实现广覆盖，4G 和 WiFi 网络覆盖省内主要机场、车站、宾馆、高校等区域，已具备开展移动电子商务的网络基础。全省现有 IDC 机房面积 1.3 万平方米，各类设备超过 2 万台，可为企业的电子商务发展提供机架设备租赁、服务器托管、虚拟空间等支撑环境。

2. 快递物流

目前，甘肃省经许可和备案的快递企业、分支机构及营业部共 500 余家，从业人员 5 400 多人；物流方面，甘肃已基本建成覆盖全省的多层次综合运输网络和一批以发展现代物流为核心的物流园区、配送中心、货运场站、大型仓储等配套设施。

## 二、甘肃省农业电子商务发展的特征

甘肃地域广阔，气候多样，物种丰富，具有发展多种经营的有利条件。农产品、旅游、资源矿产等特色产业为甘肃发展电子商务提供了重要基础和产业支撑。政府推动优势。省政府先后出台了《促进信息消费的实施意见》和《加快电子商务产业发展的意见》，并成立了省促进电子商务产业发展领导小组。甘肃省农产品电子商务发展具有鲜明的特征。

### （一）依托电子商务开展扶贫攻坚战

农牧厅紧紧围绕省委、省政府“1236”扶贫攻坚计划，以发展农村电子商务为突破口，积极探索“企业 + 基地 + 网店”或“协会 + 基地（合作社）+ 网店”的农村电子商务模式，拓展网上销售渠道，扩大农产品网上销售规模，有力地促进了农民增收。目前，全省网络店铺中近 80% 从事农产品销售，农产品电子商务交易额已占全省电子商务总交易额的 65%。农民通过“网上订单”不断扩大特色农产品种植面积，有力推进生产基地规模化，从而倒逼一产转型升级，推动了土地流转，催生了一批农产品龙头企业，延长了农业产业链条。陇南市成县充分发挥新媒体作用，县委书记李祥通过微博、微信等亲自吆喝，宣传推介该县特色农产品——核桃，在网上被称为“核桃书记”，使得成县核桃知名度迅速提升，有效地带动成县核桃销售，农民通过电子商务人均增收360元。“陇南模式”获得农业部认可，并在全国推广。陇南市两当县通过网上集中销售“狼牙蜜”，人均增收100元；庆阳市正宁县联合专业合作社、经纪人在网上发布苹果销售信息，售价相比去年提高1.4元/千克，直接增收1.2亿元；张掖市山丹县通过电子商务信息对接，建成各类专业合作经济组织335个，带动全县土地流转25.5万亩，引导2.8万户农民产业化经营；平凉市静宁县建立溯源追踪、质量标准和监管体系，增加了苹果附加值，带动了订单农业的发展。

### （二）“甘肃馆”线上线下融合发展

“甘肃馆”线上馆已于2014年4月28日正式登录淘宝网。截至目前，已有500多家企业（店铺）入驻，产品涵盖兰州百合、苦水玫瑰、小口大枣、药都三宝（当归、党参、黄芪）、庆阳香包等共5 000多种，且各入馆企业（店铺）访问量和成交额大幅提升，最多的达到上线前4倍，进一步扩大了全省产品网上销售规模。“甘肃馆”线下馆占地21 000余平方米，主要包括兰州馆、甘肃养生馆、华夏药库馆、清真食品馆、河西葡萄酒廊、敦煌文化主题馆、飞天剧场、多功能演艺厅8大主题馆，并创新打造了伊朗馆、读者馆、甘肃邮品馆和牡丹馆。围绕甘肃省特色产品和文化旅游等资源进行布局，采用集中展示、统一仓储、关联销售等手段，建成甘肃省特色产品集散地、网货供应地、旅游购物目的地和“不落幕的兰洽会”。11月25日“特色中国—甘肃馆”线下馆开馆，标志着“甘肃馆”正式进入了线上线下融合发展的O2O时代。省政府李荣灿副省长、阿里巴巴集团总裁金建杭出席并启动甘肃馆，金建杭称甘肃馆为“中国第一”，是西北电商发展的亮点。

### （三）总结推广“陇南模式”

陇南市电子商务发展以各区县为基点，立足特色，形成“成县核桃”“宕昌县中药材”“西和乞巧坊刺绣”等特色产业聚集区。陇南市“推进电子商务实现集中突破”的发展战略确定以后，全市迅速掀起发展电子商务的热潮。截至 2014 年年底，全市共开展培训 45 705 余人次，开办网店 6 082 个，实现农产品网络零售总额 10.15 亿元，带动就业 23 471 余人，已建成了市县乡三级电商服务中心，创建和加盟电商平台 26 个，建成了西北和甘肃首家市级地方馆—淘宝网特色中国—陇南馆。陇南电商产业孵化园和物流园建设快速推进。电子商务的快速发展，有力地促进了陇南农产品的销售和旅游文化资源的宣传，成县核桃、武都花椒和橄榄油、文县茶叶、礼县苹果、两当狼牙蜜、康县黑木耳、宕昌中药材等特色农产品销量大增，价格提升，为农民增收和解决就业开辟了新的渠道，同时也极大地提升了农村信息化服务水平，带动了物流等相关产业的发展。

为全面了解甘肃省农产品电子商务发展情况，谋划推进举措和扶持政策，搞活农产品流通，扩大农产品市场，农牧厅多次赴陇南开展农产品电子商务调研，将陇南市鼓励电子商务发展的相关政策措施，以及发展农产品电子商务工作主要做法、经验、成效等相关材料汇编成册，印发市州推广学习。

## 三、甘肃省农业电子商务发展中遇到的突出问题

一是农村信息化基础薄弱，市场体系不健全和服务信息不畅通。在甘肃省，农村互联网普及率较低，未形成农业信息的收集、发布的格局；农业信息的加工、分析、利用及农业信息渠道的开通等发展缓慢，农业信息化体系

尚不健全；同时，农业信息服务不够全面、完善。目前的农业信息服务还局限于农业新品种和新技术的传播，而对农业市场供求信息传播不够。

二是缺乏高素质的农村电子商务人才。长期以来农民的市场意识薄弱，小规模生产经营已使农民习惯了种什么、养什么全凭经验，同时，由于经济和文化基础的限制，他们没有条件网上获取信息，更没有可能上网发布供求信息。农产品电子商务网站的建设和维护，信息采集和发布，市场行情分析和反馈，都需要专门的人才，但甘肃省农村电子商务发展中专业的电子商务人才严重缺乏。

三是农产品物流配送体系不健全。建设现代物流配送体系，是农业电子商务发展的关键环节。甘肃省物流配送体系不健全，农产品流通成本高居不下，已经成为甘肃省农村电子商务发展的瓶颈。

四是交易主体电子商务观念滞后。交易主体包括农民、中介机构、农产品经营者和农业企业，其对电子商务的认知直接关系到农产品电子商务的迅速发展。农民文化素质普遍偏低，对计算机网络缺乏基本认识，认为产品卖出去就行；许多涉农企业还没有充分认识到电子商务的巨大商机，认为投资风险大、周期长，维护困难，大都持观望和怀疑态度。

五是农特产品种类多但量小规模不大。甘肃省地域差异大，所产农特产品种类多，但多数规模不大，有产品无商品，各方集中精力提高了市场影响力，当大订单来的时候，又无法组织充足的货源。

六是农特产品标准化建设与质量安全体系建设滞后。甘肃省生态环境良好，所产农产品多数是天然的绿色、有机食品，随着群众追求高产出、高收益，没有规范的标准约束，这一优势将逐步消失。农产品电子商务没有标准化生产保证，极容易发生质量安全事故，毁掉多年积累的声誉。农产品质量安全监管工作仍然停留在发文件督促、农残速测等低档次，日常监管存在巨大风险，行政处罚、违规强制退出等方面缺乏有力手段。

## 四、甘肃省支持农业电商发展的政策措施

省委书记王三运在省委十二届九次全委扩大会议暨全省经济工作会议中提出：移动互联网和电子商务的发展一日千里，是新的造富行业，潜力巨大，有大量的文章可做，在全省总结推广“陇南模式”，扩大甘肃省农产品和特色产品网上销售规模，促进全省电子商务发展。省长刘伟平深入市州、企业开展专题调研，多次召开会议听取汇报，研究部署。省政府成立了由副省长李荣灿任组长，省直28个相关部门为成员的甘肃省促进电子商务产业发展领导小组；出台了《甘肃省人民政府关于加快电子商务产业发展的意见》（甘政发〔2014〕78号），提出了“到2017年底，全省电子商务交易额和网络零售额年均增长35%，网络零售额占全省社会消费零售总额的比重达到11%以上，规模以上企业应用电子商务比率达90%以上”的发展目标，并编制印发了《甘肃省电子商务发展规划（2015—2017年）》和《甘肃省电子商务培训工作方案》，强化政策支撑和落实措施；全省各市州都成立了促进电子商务产业发展领导小组、电子商务协会，出台扶持政策措施，为电子商务发展提供了政策支持和组织保障。

同时，农牧厅为进一步发展甘肃省农产品电子商务产业，推动传统农业向现代农业转型升级，根据《甘肃省人民政府关于加快电子商务产业发展的意见》（甘政发〔2014〕79号）等文件精神，制定以下支持措施。

一是支持农产品电子商务平台建设。甘肃省农牧厅与兰州银行联合建设甘肃农产品电子商务平台。农牧厅发挥政策引导优势、形成省市县联动，兰州银行投入资金、技术、渠道资源，与企业共同打造质优、价实、诚信、安全的开放式网上交易平台。该平台已有省、市级农业龙头企业、农业专业合作社示范社及优势特色农产品生产、加工、经销企业入驻，重点推广无公害、绿色、有机、地理保护标志及优势特色农产品。

二是开展农产品电子商务试点示范工程。2014 年，通过农业部农业信息进村入户工程，创建两个农村信息服务示范县。在两个县的每一个村建立村级信息服务站，统一名称为“益农信息服务社”，开展农产品电子商务、农民网上购物等电商服务。

三是加强对农产品电子商务企业的融资支持。甘肃省农牧厅与兰州银行合作为入驻企业提供生产、经营过程中的信贷资金支持，并专门配套推出电商流量贷产品，根据企业年度平台线上交易额给予不同比例额度的流量贷款。

四是制订和推广农产品生产标准，从源头上提升质量。农牧厅修订完善了中药材、蔬菜、畜牧、马铃薯、苹果、茶叶、蚕桑、食用菌、水产等相关产业多项农特产品主要生产标准，编印成册。市县农牧部门以推广农业技术为重点，指导群众开展农业标准化生产，加大标准化示范点建设力度。

五是狠抓农产品质量安全监管，严把生产环节质量安全关。农牧部门承担农产品生产环节质量监管，在信息高度发达的今天，一起农产品质量安全事故就可能摧毁一个产业的声誉。一是加强农业综合执法，抓好农业投入品监管，严查违禁农药和假冒伪劣农资流入市场，做好农业生产质量安全源头治理。

六是依托“三品一标”认证，加强农特产品品牌建设。推动甘肃特色产业和传统品牌企业开展电子商务，促进传统品牌影响力向网络延伸，迅速拓展品牌网上知名度，促进线上线下品牌价值协同发展。支持甘肃企业抱团加入知名电商平台搭建的甘肃区域性平台，参加线上线下各类推广活动，提高自身产品的品牌价值。

七是强化电商人才培养。采取“走出去与请进来”相结合的办法，邀请国内电商专家、阿里巴巴讲师来甘肃举办讲习班，选派骨干人员赴浙江义乌工商学院、福建兰田世纪之村进行学习，开展了电商精英、淘宝店主、扶贫

“两后生”等多层次的培训，整合政府各部门培训项目，在全市范围内培养了大批电商人才。同时支持和鼓励大学生村官、农村返乡青年、未就业大学生带头、农村致富带头人、农产品贩运商、产业大户积极开办网店，督促农产品加工龙头企业大力发展电子商务，利用网店为群众提供相关服务。

# 专家论坛

# “互联网 + 农业”：农产品质量安全追溯体系建设

汪向东[①]

“互联网 +”要解决中国农业存在的深层次问题，就需要在市场化、信息化、品牌化、组织化四个方向上着力。农产品质量安全追溯体系（以下简称追溯体系）建设，是其中的一项重要任务。在“互联网 + 农业”的背景下，建设好农产品追溯体系，需要在以下几个方面有清醒的认识。

## 一、国家的政策

建设农产品追溯体系，是国家在“互联网 + 农业”领域业已明确的重要任务。它不仅是政府反映社会关切，顺应民意，改善民生的必要；而且切中当前我国农业发展的一大要害，是动员和组织相关主体，共同改善市场对农产品不信任状况，为农业现代化奠定新基础的重大举措。其意义之重要不言而喻。

按照国务院出台的政策，农产品追溯体系建设目标很清晰，那就是要实现农副产品从农田到餐桌的全过程可追溯，保障“舌尖上的安全”。

为此，拟采取的措施和手段，如国发〔2015〕40 号文件所说，“充分利用现有互联网资源，构建农副产品质量安全追溯公共服务平台，推进制度标准建设，建立产地准出与市场准入衔接机制。支持新型农业生产经营主体利用互联网技术，对生产经营过程进行精细化信息化管理，加快推动移动互联

①汪向东，中国社会科学院信息化研究中心研究员

网、物联网、二维码、无线射频识别等信息技术在生产加工和流通销售各环节的推广应用，强化上下游追溯体系对接和信息互通共享”。

国发〔2015〕50 号文件进一步指出，要“建立农产品生产的生态环境、生产资料、生产过程、市场流通、加工储藏、检验检测等数据共享机制，推进数据实现自动化采集、网络化传输、标准化处理和可视化运用，提高数据的真实性、准确性、及时性和关联性，与农产品电子商务等交易平台互联共享，实现各环节信息可查询、来源可追溯、去向可跟踪、责任可追究，推进实现种子、农药、化肥等重要生产资料信息可追溯，为生产者、消费者、监管者提供农产品质量安全信息服务，促进农产品消费安全。”

## 二、实践的要求

回到实践中来，要建起这样一种能够切实保障“舌尖上的安全”的农产品质量安全追溯体系，恐怕必须满足以下几项要求。

一是广泛参与，或叫广域覆盖。这主要体现在生产经营主体和产品客体两方面。我们知道，影响“舌尖上的安全”的农副产品，品类是极为丰富的。在现行体制下，参与这些产品生产经营的主体也是多元化的。虽然追溯体系建设要由点及线到面逐步进行，但显然，参与追溯体系的主体和产品，如果不能在范围上有足够的覆盖，就不能满足保障“舌尖上的安全”这个最终目的的要求。

二是适用技术。人们的条件不同，需求有不同的分层和标准，满足同样需求的技术手段也有不同。考虑到当前和今后一个时期我国农产品生产经营者的情况，要满足广泛参与的要求，技术的适用性非常重要。坦率地说，目前在农业物联网的试点中，我们能看到一些技术，性能的确强大，但对操作主体的要求很高，因此很难大面积推广应用。其实，只要能满足要求，技术、尤其操作前端的技术越适用、甚至越“傻瓜化”，越有利于广域覆盖。

三是市场买单。中国有如此巨大的人口基数、复杂的农产品生产经营体系和庞大的产品市场，保障“舌尖上的安全”不可能靠政府包打天下。建设广域覆盖的追溯体系，不可能一蹴而就、一劳永逸，这就必须依靠市场机制。无论市场主体的投入，还是政府的补贴，其实最终必须经过市场认可，消费者愿意为此买单，才能使这一追溯体系滚动发展、扩大覆盖、持续生效，否则就会成为无源之水。就其经济性而言，这个市场也是分层的。

四是平台服务。为方便消费者查询、市场主体应用和政府监管，必须将追溯信息集中在信息平台之上，同时依托无所不在的互联网，提供所需的信息查证和相关服务。需要指出，这样的信息平台，未必是高度集中或大一统的，但必须是互联、兼容和互操作的。否则，无法实现数据共享，更不用谈数据进一步的开发利用。

五是保障体系。要满足保障“舌尖上的安全”的目标诉求，追溯体系建设就不单纯涉及产品、技术、平台、主体之间信息流的构建，同时，也涉及标准、规程、宣传、教育、组织、制度、法律、道德等等社会环境的建设，后者为前者的顺利运转和发挥作用提供有效保障。如果食品安全违法成本过低、甚至违法者可以逍遥法外、大赚其钱，即使在技术上建起追溯体系，也很难保障“舌尖上的安全”。

六是流程再造。回到当前中国农产品生产经营的实践，要真正达到国家政策要求的追溯体系的目标，我们显然还有相当长的路要走。农产品生产经营的各环节，需要按质量安全追溯的要求，嵌入相关的信息数据流程，并保证不同环节、不同主体、不同平台的信息互联和共享，这本身其实就是一种流程再造。

## 三、现实的挑战

我们必须认清现实的困难和挑战，才能扎扎实实地将追溯体系建设推向前进。这里主要提到以下几个方面的困难。

一是来自主体的素质。我国农产品生产经营主体的素质和组织方式差异很大，虽有农垦那样的大农企，但更多是分散的农户和小型合作社。显然，就目前农村留守人口中从事农业生产的劳动者和众多集市摊贩们来说，要他们很快参与、并成功扮演追溯体系中应有的角色，还是很不容易的。这也是为什么政府希望率先从“新型农业生产经营主体”做起的原因。

二是来自特殊的对象。农业生产与工业生产不同，工业生产是物理的、化学的过程，而农业生产是生物的、生命的过程。农产品的品类丰富，集约化和标准化生产程度低，其质量安全除了受特定生产本身因素的影响外，还受投入品比如农资的质量、生长和加工环境、储存条件、乃至产品使用方法等诸多因素的影响。选择从少数品类开始做安全追溯，从某种意义上看，也是不得已而为之。

三是来自信息化基础。应该肯定，经过多年发展，我们在农村农业信息化方面已经具备了一定的基础，但是，要建设广域覆盖的追溯体系，将农业生产经营过程实行数据化管理，特别要按“自动化采集、网络化传输、标准化处理和可视化运用”，以及保证数据的“真实性、准确性、及时性和关联性”的要求看，差距还是非常之大。

四是来自网络化互联。从现有的基础之上，要通过由点及线到面的过程，逐步扩大追溯体系的覆盖，首先，相关的数据要能采到，能上载，然后，还要打通联结障碍，实现点与点、线与线、特别是平台之间面与面的网络互联、技术兼容和数据的互操作。特定的主体，比如基地直销式的农企，自己做自己的追溯系统相对容易实现，而不同主体间的数据互联与共享，困难就大得多。

五是来自复杂的利益。不同主体间信息互联与共享的困难，不仅来自技术层面，更大的困难来自利益层面。市场主体的数据意识觉醒当然是好事，但企业间、尤其平台间的数据共享，因为尚未找到有效的机制，还很难实现。甚至即便在政府不同部门之间，数据共享因部门利益的原因也不易实现，这也是电子政务推进中的一大难题。政府间、市场主体间、政府与市场主体间的数据利益磨合与博弈，在很大程度上决定着未来追溯体系的发展走向。

不过，由于追溯体系关系重大，难度再大，也必须克服困难往前走。

## 四、开始的探索

令人欣喜的是，在实践中，政府部门、农业企业、电商平台、信息技术提供商、社会团体等等已经围绕追溯体系建设，开始在不同层面进行探索和尝试，有些方面取得了明显进展。

在技术层面，RFID、传感器等物联网技术开始应用于农业生产经营，基于引进和自我开发的 PDF417 码、QR 码、GM 码、维信码等二维码技术，被越来越多地用于农产品。二维码作为农产品“身份证”开始投入应用，移动终端的扫码引擎和移动互联网、WiFi 应用环境为用户提供了便利，而配合平台数据库、云计算等形成数字防伪系统，让农产品质量安全的信息追溯有了技术保证。

在主客体层面，一些企业开始认识到追溯体系的作用，着手建立企业内部的追溯体系。追溯信息不仅用于质量安全管理，而且用于产销管理、渠道推广和品牌经营。由此，基地直供、基地加工、基地营销式企业追溯体系覆盖的农产品在逐步增加；物流仓储业的信息化管理，包括 GIS/GPS 定位、快递件跟踪等，也加大了农产品在流通环节可追溯信息的覆盖；商场扫码、尤其是电商交易记录了农产品销售信息和产品去向。

在标准制订层面，除了原有“三品一标”的标准管理外，国家还制订了《农产品质量安全追溯操作规程通则》《食品可追溯性通用规范》和《食品追溯信息编码与标识规范》等标准，以及制订了畜肉、水果、茶叶、谷物等大类产品的操作规程等多项行业标准，为规范追溯体系建设创造基础性的条件。

在监管服务层面，除了国家和地方政府为质量管理和消费者维权建立群众举报、投诉渠道外，政府主管部门还专门搭建并向用户开放了12312产品追溯管理服务平台、成立了国家OID注册中心和OID公共服务平台，以及i-OID农业追溯公共服务平台等。政府成立了“绿办”，加快了农产品监管体系建设，要求在市县两级基本做到监管机构全覆盖，有的地方，例如，江苏，还计划建立省、市、县、乡4级农产品质量安全追溯联网监管体系。

在法规政策层面，中国2006年就颁布了《农产品质量安全法》，今年修改的《食品安全法》刚刚正式施行，政府还出台了与农产品生产经营有关的一些法规；国家建立和推行农业企业生产经营档案台账制、食品召回制、产地准出和销地准入等制度；在农业生产中，实行化肥农药零增长、减量化；鼓励开展农产品质量安全的社会化追溯、社会化质检。

在电子商务领域，电商平台也逐步推出了自己的追溯体系。比如，今天，我们刚刚就见证了明水县与阿里满天星计划合作的正式启动，而在满天星计划最早落地的大洼县，通过吸纳第三方认证机构介入，使该计划进入到二期。

此外，政府和社会机构还通过组织一系列活动、开展教育培训等，从社会环境的改善上做出了不少努力。

我们看到了这些在技术、产品、用户、平台、社会、政府、法规、标准、活动、制度等方面的努力，但同时还是要强调，要实现以追溯体系保障“舌尖上的安全”的目标来说，脚下的路还很长。

## 五、必要的原则

不同的理念，有不同的做法；而不同的做法，有不同的结果。

我国农产品追溯体系建设，现在已经在路上。为使之健康发展，在基本理念上，需要特别重申以下两点：①追溯体系建设，不是“做特供”，而是“惠民生”。②追溯体系建设，不是“做盆景”，而是“种大田”。

在这两点基本理念之下，我们认为，建设追溯体系，有必要坚持以下几项原则：一是顺势而为。要顺民心之势、顺市场之势、顺技术之势，尤其是借“互联网+”之势，加快追溯体系建设进程。二是基于市场，三是实效导向，四是把握规律，五是持之以恒，六是机制创新。之所以这里把这几条原则放在一起谈，是因为在讨论一些相关问题，比如在讨论电商扶贫、县域电商时，已经反复强调过这些原则的必要性（见本人的实名博客文章：《电商进村与扶贫攻坚》，链接 http://blog.sina.com.cn/s/blog_593adc6c0102vr59.html）。道理其实是相通的，无需多言：这些是“种大田”应有的做法。

关于机制创新的原则，结合这里讨论的追溯体系，想特别补充的一点是：市场主体间的互联共享固然要建立基于市场的实现机制，即便政府监管与服务平台，也需要找到与市场化平台互联共享的机制。依个人之见，这种机制须基于市场，但又并非全盘由市场决定，市场主体仍须承担必要的社会和法律义务；这种机制最好能克服政府与市场各自为战的状态，最好能让政府的监管与服务贴近、乃至内嵌于市场运转的过程之中。关于鼓励数据开源技术，组建数据开源社区，本人认为，这当然是值得努力争取的，开源有助于避免走类似当时通信业“七国八制”的弯路。但技术开源未必等于数据开放，在技术开源和数据开放未能覆盖的广阔空间，人们毕竟仍需要在打通追溯数据流上找到商业利益、公共利益和政府监管之间的平衡。由此，实践中的利益博弈、动态磨合和试错调整，都将难以避免。为此，加强不同主体间的交流沟通、利益表达和协调，促进形成社会共识是非常必要的。

## 六、必需的“电商 +”

回到今天“互联网 + 农业”的特定语境中来，还应该看到，“电商 +”，是当前和今后建设农产品追溯体系的一个必需的选项。

第一，“电商 +”符合顺势而为的原则。今天，电商主流化本身已然成为趋势，农产品电商虽然目前规模不大，但未来前景广阔。说“电商 +”是必需的选项，不仅是强调离开电商的农产品追溯信息从宏观上看是不全面的，而且是强调融入电商的追溯体系才更符合农业发展方式转变的趋势。

第二，“电商 +”，可以让农产品及其追溯体系以一种跨越时空局限、直接对接广域大市场的方式，以信息更加透明、竞争更为充分的方式，来接受市场的评判、社会的监督和政府的监管。较之线下传统方式，较之“做盆景”“做特供”的方式，电子商务更符合基于市场的原则，更符合“种大田”“惠民生”的要求。

第三，“电商 +”，符合实效导向的要求。技术是否适用，市场愿不愿意买单，或哪种技术和服务的性价比更高，更受市场欢迎，应交由市场检验。是骡子是马，在电商大平台上同场竞技，更容易分出高下。通过买家用钱投票，形成优胜劣汰的市场选择机制，这有利于为追溯体系奠定可持续发展和不断滚动完善的基础。

第四，“电商 +”，可为农产品追溯体系提供更为理想的数据化 + 网络化的基础。从手段上看，电子商务跨时空对接供需的交易方式，比传统方式更有利于促进农产品各种属性信息的数据化呈现和网络化传输，越来越多的农产品为交易而上网，客观上为追溯体系创造了更有利的条件。

第五，农产品追溯体系在建设步骤和方向上需要循序渐进，持之以恒，“电商 +”，有利于依托电商平台在线交易形成的市场倒逼机制，通过经安全认证和可溯源产品优质优价的示范效应，以及平台海量信息资源的有效利用，来促进农产品追溯体系主客体的加快覆盖。

第六，“电商 +”，可助力机制创新。农产品追溯体系的机制创新，要很好地解决相关的利益博弈、动态磨合和试错调整，同样也需要找到一个“最大公约数”。电子商务大市场的运转和不断发展，其实本身就是当今实践提供给我们的一个有利于化繁为简，虽不唯一、但可能距离解决方案较近的所在，这里值得我们给予更多的关注，付出更多的努力。

“互联网 + 农业”背景下的农产品质量安全追溯体系建设刚刚起步，且行且完善！

# 发展我国农村电商的有关政策建议

李鸣涛[①]

近年来，随着阿里、京东等电子商务企业渠道下沉战略的实施，以及国家财政部、商务部、农业部、发改委等相关部委不断加大农村电子商务的支持力度，我国农村地区的电子商务基础设施快速完善，农村电子商务市场快速激活，面向6亿多农民的农村电子商务大市场正在快速形成。同时，以淘宝村为代表的农村创业创新也正在在农村地区掀起“大众创业、万众创新”的新热潮，农村地区正在依托良好的生态、产品和资源优势吸引大量青年回乡创业。电子商务的引入已经开始成为我国新农村建设的新动力和新抓手，在满足农村地区居民网络消费需求的同时，电子商务正在催生新的产业生态，也正在通过市场的手逐步改变农业生产方式。

## 一、我国农村电商发展的现状与特点

### 1. 农村电商受到各级政府部门的高度重视

近年来农村电子商务得到各级政府部门的高度重视，连续出台多项促进农村电商发展的政策文件。2015年“中央一号文件”提出要“创新农产品流通方式。支持电商、物流、商贸、金融等企业参与涉农电子商务平台建设。开展电子商务进农村综合示范。”《关于加快发展电子商务培育经济新动力的若干意见》（国发〔2015〕24号）提出，要“积极发展农村电子商务”；商务部、农业部等19部委出台《关于加快发展农村电子商务的意见》；国

①李鸣涛，中国国际电子商务中心国家电子商务研究院副院长，研究员

务院发布了《关于促进农村电子商务快速健康发展的指导意见》，农业部出台促进农业电子商务行动计划。财政部、商务部联合在全国256个县开展了电子商务进农村综合示范县创建活动，其中六成以上是贫困县和革命老区县。国务院扶贫办在甘肃陇南开展“电商扶贫”试点。在中央政策资源和财政资金投入的带动下，各地方也积极开展了相关示范活动推动农村电子商务发展。如四川省在国家支持的两批电子商务进农村示范县的基础上又单独组织屏山等10个县（市区）开展省级电子商务进农村综合示范活动；省政府成立了电子商务促进工作领导小组，出台了专项实施意见，并拟设立100亿的省电子商务产业发展投资基金支持电子商务发展。江西省出台《关于加快我省农村电子商务发展的意见》，建立了全省促进电子商务发展工作联席会议制度，指导各县市农村电子商务发展工作；同时也扩大了电子商务进农村示范县的范围，开展了省级电子商务进农村示范。各个示范县也都建立了县委主要领导牵头的电子商务进农村工作领导小组，出台政策文件，设立配套资金，加强对农村电子商务物流费用及农村电商服务点建设的补贴支持，组织开展了多层级、形式多样的农村电子商务培训，加大宣传力度，注重树立典型，加大招商引资力度，开展县级电子商务综合服务中心和电子商务园区建设。

### 2. 电商企业积极布局农村市场

阿里、京东、苏宁、顺丰、邮政、供销社等全国性平台纷纷把发展面向农村地区的电子商务作为企业重要的发展战略方向，积极布局农村电子商务服务网点。阿里实施了“千县万村”计划，投资100亿建设1 000个县级运营中心和10万个村级电商服务站。京东已完成了600家县级服务中心建设，招募乡村推广员近10万人，1 000家京东帮服务店，服务范围已覆盖了近30万个行政村。同时以赶街网为代表的一批地方性农村电子商务平台也开始拓展服务范围，以代买、代卖网络商品，综合缴费及物流中转为主要服务功能的农村电子商务服务网点成为电子商务企业拓展农村市场的建设重点。如在江西省赣州宁都县会同乡圩镇不到500米的街道就开设了阿里村淘、京东帮服务店、邮政e邮以及本地的麦光光四个功能类似的农村电商服务点；浙江遂昌的赶街网把农村服务点也开到了四川省的中江县。四川仁寿县积极培育本地的“赶场小站”农村电子商务平台，在整合京东等外部平台开展全网营销的同时，积极整合本地商协会、商超、物流等资源取得良好效果。

### 3. 发展农村电子商务已成为传统农村服务企业转型的重要方向

当前的农村电子商务市场受到社会各界的高度重视，除了阿里、京东、苏宁、1号店等电商企业纷纷布局农村市场之外，积极通过发展农村电子商务实现经营转型也已成为传统农村服务企业的重要发展战略。中国邮政、供销社等传统涉农流通服务企业都在积极布局农村电子商务服务市场，同时国家商务部多年来支持建设的覆盖全国60万行政村的“万村千乡”农家店，在服务农村线下消费的同时也面临转型升级的迫切需求。这些涉农服务资源的有效整合和充分利用将是下一步完成农村电子商务市场流通体系建设的重要工作内容。在这方面，商务部、财政部已经先期在全国256个县开展了“电子商务进农村综合示范县”创建活动，重点支持中西部贫困县和革命老区县的电子商务服务体系的完善和现有服务资源的整合利用。相信随着工程实施的逐步深入，在政府的引导和支持下，结合市场资源的投入，一个统一开放、竞争有序、诚信守法、安全可靠、绿色环保的农村电子商务市场体系将快速形成。

### 4. 农村电商开始向工业品下乡和农产品进城双向发展

农村地区电子商务服务农民网上购物和实现农副产品网上销售两条主线展开，当前随着农村地区电商服务站点的逐步完善，县到乡村的物流配送资源的整合，试点县农民实现网络购物已经可以基本实现，但实现农产品上行网络销售仍面临较大障碍。主要原因在于分散在千家万户的农副产品和加工品缺乏品牌、包装和质量标准，零散地委托个人网店代销也很难实现规模化。破解这一难题的关键在于应该在零散的农副产品生产者和网络市场之间建立起一个产品化的服务主体，解决农产品上行“初始一公里”的问题。如四川仁寿县的“赶场小站”平台，对接本地的生产大户、合作社等的优质农产品资源，统一包装、统一物流、统一品牌、统一运营，有效地解决了农副产品小生产和网络大市场之间的断点，取得良好效果。其他如中江手工挂面、赣南脐橙的六龄橙、太和乌鸡、井冈翠绿茶、虔粮虎蛙稻等特色农特产品都是通过地方加工运营企业实现了产品化后再对接网络平台实现网上销售。

### 5. 农村电商带动农村生产和服务产业化

面对长期以来形成的农村小生产和流通大市场之间的矛盾，实现农民增收和农村发展的关键在于产业化发展思路的引入，通过产业化带动生产的规模化和产品的标准化。当前，随着农村宽带和移动网络的覆盖率的提升，以及在电商企业和政府投入下农村快递物流等辅助设施的逐步完善，农村地区发展电子商务的基础环境已经基本具备，江苏沙集、浙江遂昌、河北清河、福建德化、四川仁寿、江西宁都等部分地区县域电子商务发展迅速，在电商的带动下，农产品及农村加工品的品牌化、产业化、标准化取得突破，电子商务正在依托订单优势驱动农村地区产品生产和加工产业的逐步完善。因此，发展农村电子商务绝对不是仅仅解决农村买难卖难问题，关键在于要通过电商的引入促进农村地区农产品和加工业的产业化发展，适应未来绿色消费、品质消费、健康消费的需求，在产业化的基础上带动农村经济发展，实现农民增收和脱贫。

## 二、我国农村电商发展面临的突出问题

### 1. 农村网店同质化竞争现象比较突出

得益于电子商务的低门槛，在农村地区开设网店销售地方土特产和农村加工品正在成为许多农村青年创业的首选，在先行者的带动下迅速形成聚集效应和规模优势，降低物流等服务成本。这一模式已基本成为所谓淘宝村的发展路线。据阿里研究院数据，截至2014年年底，全国已经形成淘宝村211个，淘宝镇19个。但低门槛也造成了大部分淘宝村经营品种单一、模式同化、同质化竞争严重等问题。同时，受限于淘宝等电商平台综合运营成本的逐年上升，农村网店运营压力越来越大，以淘宝村为代表的农村网商群体面临越来越大转型升级的挑战。

### 2. 农村电商服务网点及配套资源亟待协同利用

在政府大力引导和电商企业的推动下，农村电子商务市场迅速升温。县、乡镇、村级的电子商务运营中心、电子商务园区、电子商务服务站建设如火如荼，一方面可以迅速盘活农村电子商务市场，完善农村电子商务服务基础设施，通过相互竞争提升服务水平，但另一方面也开始出现无序发展的苗头。阿里、京东、e邮及地方农村服务电商平台纷纷布设自己的物流及农村电商上行、下行服务体系，尤其是村镇物流配送资源分散导致各自运营成本均较高，有的试点县的村镇物流现阶段主要是靠政府财政补贴，一旦补贴停止，乡镇物流配送就处于亏损状态而难以为继。

### 3. 农村地区电子商务人才缺乏问题依然严重

人才缺乏问题在县乡村电子商务发展中一直是最大的制约因素。尽管在农村电商广阔前景的带动下，不少地方都出现了人才回乡创业的现象，很多农村电商服务站的站长等都是年轻人回乡创业的典型，但伴随农村电子商务的快速发展，人才缺乏，尤其是电子商务中高端运营人才的缺乏问题仍旧是

制约农村电商进一步发展的突出瓶颈问题。

4. 农产品电商服务设施的可持续运营能力面临挑战

在农村电子商务的导入期，政府、电商企业均纷纷加大投入，在试点县初步建立起了包括县级电商运营中心、乡镇村农村电商服务站和县域物流配送服务主体在内的农村电子商务综合服务体系。县级电商运营中心一般委托阿里、京东或地方区域性电商平台企业运营，农村服务站主要靠加盟制，盈利主要来源于代买商品后取得电商平台的返点（3% ～ 5%），县域电商的配送很多地方还主要依靠政府每单 1 ～ 2 元的补贴来维持运营。下一步如何实现这样一个农村电商服务体系的可持续运营，在政府的积极推动下快速启动农村电商市场，使其迅速达到盈亏平衡点，将是维持农村电商服务体系的关键。

5. 农村电商产业带动力尚未充分发挥

农村电商尽管发展迅猛，但现阶段主要还是围绕启动农村电子商务消费市场，实现农村地区老百姓的网络购物为主要目标。虽然各地也出现了围绕土特农副产品销售的服务商，但总体上农村电子商务的综合服务体系暂时还不能满足农副产品上网销售的需求，各地普遍缺乏农产品上行所必需的产品检测中心、冷链仓储设施、包装分拨中心等基础设施，电子商务对于农村产业的带动影响还未充分发挥。

## 三、促进我国农村电商健康快速发展的有关建议

1. 加强规划指导，避免盲目建设

各地方政府应围绕国家电子商务进农村示范县工作目标，从可持续发展的要求出发，加强对地方电子商务进农村综合服务体系的规划，发挥地方特色优势，突出资源协同与共享，避免盲目照搬，重复投入，恶性竞争，实现农村电子商务的可持续发展。有关部委应加强对地方电子商务进农村综合示

范的考核与指导，发挥国家财政资金的撬动作用，加强农村地区电子商务的基础设施建设，引导社会资金和市场资源形成可持续发展机制和良性的竞争环境。

2. 进一步加强农村电子商务培训

解决农村地区电子商务服务人才短缺的关键在于提升本地人员的电子商务能力水平，进一步加强农村电子商务培训就显得尤其重要。农村地区电子商务培训应充分借助本地培训服务资源，尤其是应发挥电商创业者和带头人的作用，现身说法，发挥示范带动作用开展有针对性的培训，突出实用性和操作性。

3. 加大农产品电商供应链基础设施建设投入

围绕制约农村地区农副产品上行销售的仓储、冷链、检测、包装、追溯等基础服务设施普遍缺失问题，加大政府投入，采用多种模式，充分整合利用现有资源，引导社会性投资进入，完善面向农产品的鲜活农产品标准体系、动植物检疫体系、安全追溯体系、质量保障与安全监管体系，以提升农副产品供应链能力为核心加强基础服务设施建设，弥补农产品上行的短板。

4. 加强培育区域性农产品电商产业链服务商

农村电子商务服务“最后一公里”和农产品网络销售“初始一公里”问题的解决关键还是要靠区域性的服务商，由区域性综合服务商来发挥承上启下的承接作用，打通农民、农产品和电子商务大市场。因此建议进一步加强对区域性的电子商务综合服务平台和运营企业的扶持和引导，加强对农产品上行供应链基础设施的投入，加强对农村地区特色农产品追溯、检测体系建设和标准品牌体系建设投入。

5. 加强品牌和标准体系建设

品牌和标准体系是农副产品可持续经营的根本，电子商务的一大优势就在于可以更加精准地将产品理念和品牌信息传递给目标群体，从而建立更为稳固的客户联接。但另一方面电子商务也对农副产品的品牌、信誉及标准体系建设提出了更高的要求。对于农副产品长期以来品牌和标准是最为薄弱的环节，电子商务为加强农产品品牌和标准体系建设提出了有效的支撑和服务手段，应充分利用电子商务的渠道优势，进一步加强地理标志产品品牌宣传和产品销售，引导电子商务平台服务“一村一品”，同时，利用电子商务的订单优势促进农产品标准体系建设，完善农副产品质量保障体系。

### 6. 进一步加强对电商精准扶贫的引导和政策支持

电商扶贫的开展一方面可以带动贫困人口实现脱贫，另一方面对于带动农村电子商务的进一步普及也可以发挥重要的示范作用。电商扶贫不能仅仅停留在概念上，应该充分利用好电子商务在信息沟通、数据分析、情感传达等方面的优势推动精准扶贫、定向扶贫的开展，应加大对已经立档建卡贫困人群开展电子商务的扶持力度，对采购自贫困户的农特产品及加工品应给予适当补贴支持。

# 以“互联网 + 农业”为驱动 打造我国现代农业发展升级版

王文生[①]

当前，我国农业正经受资源短缺、开发过度和污染加重的考验，面临国内生产成本攀升与大宗农产品国内价格普遍高于国际市场的“双重挤压”，农村在城乡资源要素加速流动中边缘化，农民在产业弱质和制度歧视的双重压力下增收难，迫切需要加大改革创新力度，加快农业现代化建设。

今年，李克强总理在政府工作报告中提出“‘互联网 +’行动计划”，全国上下正在谋划推动新一代信息技术与现代产业跨界融合，打造新引擎，培育和催生经济社会发展新动力，形成一批具有重大引领、支撑作用的新业态、新产业。农业是“‘互联网 +’行动计划”的核心领域之一。

“互联网 + 农业”是充分利用移动互联网、大数据、云计算、物联网等新一代信息技术与农业的跨界融合，创新基于互联网平台的现代农业新产品、新模式与新业态。以“互联网 + 农业”驱动，努力打造“信息支撑、管理协同，产出高效、产品安全，资源节约、环境友好”的我国现代农业发展升级版。

## 一、“互联网 +”对于我国农业现代化的影响深远

改革开放以来，我国经济高速发展，为农业现代化积聚了丰厚的物质条件和技术基础。然而，千百年来一家一户的小农生产从业人员数仍然占我国

①王文生，中国农业科学院农业信息研究所副所长，研究员，博士生导师；九三学社社中央农林专业委员会副主任；德国波恩大学博士

农业人数 80% 以上，并且在短时间内很难改变，这严重阻碍了我国现代农业发展。

“互联网 +”开创了大众参与的“众筹”模式，对于我国农业现代化影响深远。一方面，“互联网 +”促进专业化分工、提高组织化程度、降低交易成本、优化资源配置、提高劳动生产率等，正成为打破小农经济制约我国农业农村现代化枷锁的利器；另一方面，“互联网 +”通过便利化、实时化、感知化、物联化、智能化等手段，为农地确权、农技推广、农村金融、农村管理等提供精确、动态、科学的全方位信息服务，正成为现代农业跨越式发展的新引擎。“互联网 + 农业”是一种革命性的产业模式创新，必将开启我国小农经济千年未有之大变局。

——“互联网 +”助力智能农业和农村信息服务大提升。智能农业实现农业生产全过程的信息感知、智能决策、自动控制和精准管理，农业生产要素的配置更加合理化、农业从业者的服务更有针对性、农业生产经营的管理更加科学化，是今后现代农业发展的重要特征和基本方向。“互联网 +”集成智能农业技术体系与农村信息服务体系，助力智能农业和农村信息服务大提升。

——“互联网 +”助力国内外两个市场与两种资源大统筹。“互联网 +”基于开放数据、开放接口和开放平台，构建了一种“生态协同式”的产业创新，对于消除我国农产品市场流通所面临的国内外双重压力，统筹我国农产品国内外两大市场、两种资源，提高农业竞争力，提供了一整套创造性的解决方案。

——“互联网 +”助力农业农村“六次产业”大融合。“互联网 +”以农村一二三产业之间的融合渗透和交叉重组为路径，加速推动农业产业链延伸、农业多功能开发、农业门类范围拓展、农业发展方式转变，为打造城乡一二三产业融合的“六次产业”新业态，提供信息网络支撑环境。

——“互联网 +”助力农业科技大众创业、万众创新的新局面。以“互联网 +”为代表新一代信息技术为确保国家粮食安全、确保农民增收、突破资源环境瓶颈的农业科技发展提供新环境，使农业科技日益成为加快农业现代化的决定力量。基于“互联网 +”的“生态协同式”农业科技推广服务平台，将农业科研人才、技术推广人员、新型农业经营主体等有机结合起来，助力“大众创业、万众创新”。

——“互联网 +”助力城乡统筹和新农村建设大发展。“互联网 +”具有打破信息不对称、优化资源配置、降低公共服务成本等优势，“互联网 + 农业”能够低成本地把城市公共服务辐射到广大农村地区，能够提供跨城乡区域的创新服务，为实现文化、教育、卫生等公共稀缺资源的城乡均等化构筑新平台。

## 二、“互联网 + 农业”发展中面临的主要挑战

如何持续、稳健地推动“互联网 + 农业”高效发展，需要对“互联网 + 农业”发展中面临的主要挑战保持清醒认识、高度关注和审慎思考。

### （一）“互联网 + 农业”发展战略选择挑战

“互联网 + 农业”是借助现代科技进步实现传统产业升级的全新命题，是保障国家粮食安全和推动现代农业建设的重要手段，蕴含着重大的战略机遇和广阔的发展空间。然而，在缺少顶层设计的情况下，“互联网 + 农业”一哄而上、各自为政的局面无法避免，非常容易形成片面性、局部性的发展态势，不利于“互联网 + 农业”的整体推进、协调发展，“互联网 + 农业”对经济社会的影响将大大折扣。因此，亟须制定我国“互联网 + 农业”发展战略规划，从战略高度推动“互联网 + 农业”发展，形成统一谋划、稳步实施的推进格局，将“互联网 + 农业”打造为能够切实推动国家经济社会持

续、高效、稳定发展的新引擎。

## （二）“互联网 + 农业”发展基础设施的挑战

“互联网 +”是一次重大的技术革命创新，必然将经历新兴产业的兴起和新基础设施的广泛安装、各行各业应用的蓬勃发展两个阶段。“互联网 + 农业”亦将不能跨越信息基础设施在农业农村领域大范围普及的阶段。然而，就目前来讲，农村地区互联网基础设施相对薄弱，农村仍有 5 万多个行政村没有通宽带，拥有计算机的农民家庭比例不足 30%，农村互联网普及率只有 27.5%，还有 70% 以上的农民没有利用互联网。另外，农业数据资源的利用效率低、数据分割严重，信息技术在农业领域的应用大多停留在试验示范阶段，信息技术转化为现实生产力的任务异常艰巨。农业农村信息基础设施薄弱，对“互联网 + 农业”的快速发展形成了巨大的挑战。

## （三）“互联网 +”与现代农业深度融合的挑战

移动互联网、大数据、云计算、物联网等新一代信息技术发展迅猛，已经实现了与金融、电商等业务的跨界融合。农业是国民经济的基础，正处于工业化、信息化、城镇化、农业现代化“四化同步”的关键时期，迫切需要推动“互联网 + 农业”发展。然而，农业是一个庞大的传统产业，涉及政治、经济、社会、文化等方方面面，农业问题千丝万缕，错综复杂。如何利用“互联网 +”串起农业现代化的链条，将新一代信息技术深度渗透到农产品生产销售、农村综合信息服务、农业政务管理等各环节，亟须制订一套具体的、可操作的实施方案，推动“互联网 + 农业”高效发展。

## 三、政策建议

### （一）顶层设计，尽快制定国家“互联网＋农业”发展战略

我国应明确“互联网＋农业”发展的战略地位，尽快开展针对“互联网＋农业”的战略性研究。从国家层面，搞好“互联网＋农业”顶层设计，研究制定“互联网＋农业”健康发展的指导意见；出台“互联网＋农业”产业发展规划，指导“互联网＋农业”产业发展和应用示范，防止信息孤岛，推动经济社会各领域的共同开发与利用；制定“互联网＋农业”技术发展路线图，实现基础领域和关键技术突破，加快推进科学和工程领域的创新；加强“互联网＋农业”立法，推动农业数据开放、人才培养等，为“互联网＋农业”发展创造良好环境。

### （二）优先布局，推动落实农业农村信息化基础设施建设

借助“宽带中国”战略实施方案，加快推进落实农村地区互联网基础设施建设，重点解决宽带村村通问题，加快研发和推广适合农民特征的低成本智能终端，加强各类涉农信息资源的深度开发，完善农村信息化业务平台和服务中心，提高综合网络信息服务水平；同时建立国家农业大数据研究与应用中心，覆盖农业大数据采集、加工、存储、处理、分析等全信息链，面向国内外推广基于“互联网＋”的农业大数据应用服务。

### （三）超前谋划，设计启动“互联网＋农业”十大行动计划

#### 1.“互联网＋”促进智能农业升级行动

加快实施“互联网＋”促进智能农业升级行动，实现农业生产过程的精准智能管理，有效提高劳动生产率和资源利用率，促进农业可持续发展，保

障国家粮食安全。

重点突破农业传感器、北斗卫星农业应用、农业精准作业、农业智能机器人、全自动智能化植物工厂等前沿和重大关键技术；建立农业物联网智慧系统，在大田种植、设施园艺、畜禽养殖、水产养殖等领域广泛应用；开展面向作物主产区域、主要粮食作物的长势监测、遥感测产与估产、重大灾害监测预警等农业生产智能决策支持服务。

### 2.“互联网 +”助力“六次产业”发展行动

加快实施“互联网 +”助力“六次产业”发展行动，助力农业延伸产业链、打造供应链、形成全产业链，实现一、二、三产业融合，增加农民收入，促进农业和农村的可持续发展。

集中打造基于“互联网 +”的农业产业链，积极推动农产品生产、流通、加工、储运、销售、服务等环节的互联网化；构建“六次产业”综合信息服务平台，助力休闲农业和一村一品快速发展，提升农业的生态价值、休闲价值和文化价值。

### 3.“互联网 +”助力农村“双创”行动

加快实施“互联网 +”助力农村“双创”行动，加速农业科技成果转化，激发农村经济活力，推动“大众创业、万众创新”蓬勃发展。

积极落实科技特派员和农技推广员农村科技创业行动，创新信息化条件下的农村科技创业环境；加快推动国家农业科技服务云平台建设，构建基于“互联网 +”的农业科技成果转化通道，提高农业科技成果转化率；搭建农村科技创业综合信息服务平台，引导科技人才、科技成果、科技资源、科技知识等现代科技要素向农村流动。

### 4.“互联网 +”助力农业走出去行动

加快实施“互联网 +”助力农业走出去行动，加强农业国家合作与交流，不断提升我国农业的国际地位和影响力，落实“一带一路”国家发展战略。

进一步推动“大湄公河次区域农业信息网络”项目，建立GMS各国农业信息交流的平台；充分利用中国－东盟、中国－新西兰等自贸区优势，发挥我与美国、加拿大、澳大利亚、日本和欧盟有关国家双边农业磋商机制，积极建设跨境农产品电子商务平台，打造具有国际品牌的特色优质农产品；面向在亚洲、非洲、南美洲有关国家建设农业技术交流服务平台，推动我国先进适用的农业生产技术和装备等“走出去”；构建农业投资综合信息服务平台，为农业对外投资企业提供市场、渠道、标准、制度等各种信息资料。

### 5.“互联网＋”助力农业科技创新行动

加快实施“互联网＋”助力农业科技创新行动，促进农业科研大联合、大协作，提高农业科技自主创新能力，支撑我国现代农业发展。

积极推动农业科研信息化建设，助力中国农业科学院科技创新工程，加快建设世界一流农业科研院所；与美国、日本、澳大利亚、英国、欧盟等国家和地区的农业部门、科研院所及比尔·盖茨基金会等跨国私营部门建立稳定的合作关系，构建基于“互联网＋”的跨国农业科研虚拟协作网络，实现农业科技创新的大联盟、大协作，提高农业科技创新能力；加快国家农业科技创新联盟建设，构建农业科技资源共享服务平台，提高重大农业科研基础设施、农业科研数据、农业科研人才等科研资源共享水平；构建农业科研大数据智能分析平台，推动农业科技创新资源共建共享。

### 6.“互联网＋”助力农产品电子商务建设行动

加快实施“互联网＋”助力农产品电子商务建设行动，破解“小农户与大市场”对接难题，提高农产品流通效率，实现农产品增值，促进农民增收。

鼓励阿里巴巴、京东、腾讯等互联网公司积极参与农产品电子商务建设，构建基于“互联网＋”的农产品冷链物流、信息流、资金流的网络化运营体系；积极推动中粮、中化等大型农业企业自建电子商务平台，推动农产品网上期货交易、大宗农产品电子交易、粮食网上交易等；加快推进美丽乡村、“一村一品”项目建设，实现优质、特色农产品网上交易以及农产品网络零售等。

7.“互联网 +”助力新型职业农民培育行动

加快实施“互联网 +”助力新型职业农民培育行动，培养造就有文化、懂技术、会经营的新型职业农民，为加快现代农业建设提供人才支撑。

加强新型职业农民培育教育培训体系建设，构建基于“互联网 +”的新型职业农民培训虚拟网络教学环境，大力培育生产经营型、职业技能型、社会服务型的新型职业农民；积极推动智慧农民云平台建设，研发基于智能终端的在线课堂、互动课堂、认证考试的新型职业农民培训教育平台，实现新型职业农民培育的移动化、智能化。

8.“互联网 +”助力农产品质量安全保障行动

加快实施“互联网 +”助力农产品质量安全保障行动，全面强化农产品质量安全网络化监管，提高农产品质量安全水平，切实保障食品安全和消费安全。

积极落实《农业部关于加强农产品质量安全全程监管的意见》，推进农产品质量安全管控全程信息化，提高农产品监管水平；构建基于“互联网 +”的产品认证、产地准出等信息化管理平台，推动农业生产标准化建设；积极推动农产品风险评估预警，加强农产品质量安全应急处理能力建设。

9.“互联网 +”助力农业生态建设行动

加快实施“互联网 +”助力农业生态建设行动，实现农业资源生态本底实时跟踪与分析、智能决策与管理，实现“一控、两减、三基本”的目标，治理农村污染，提高农业资源生态保护水平，促进农业可持续发展。

建立全国农业用水节水数据平台，智能控制农业用水的总量；建立全国农资产销及施用跟踪监测平台，智能控制化肥、农药施用量；建立全国农业环境承载量评估系统、农业废弃物监测系统，为农业循环经济提供信息支撑和管理协同，有效解决农业农村畜禽污染处理问题、地膜回收问题、秸秆焚烧问题；建立农村生产生活生态环境监测服务系统，提高农村生态环境质量。

### 10.“互联网 +”助力智慧农村信息服务行动

加快实施“互联网 +”助力智慧农村信息服务行动，实现文化、教育、卫生等公共稀缺资源的城乡均等化，破解城乡数字鸿沟难题。

积极落实国家农村信息化示范省建设项目，完善农村综合信息服务云平台；构建农村文化教育信息服务系统，开展面向基层农民的科技和文化知识远程教育服务；建设农村劳动力转移与就业信息服务系统，实现农村劳动力培训转移就业服务的全程信息化；建立农村土地流转信息服务系统，逐步实现农村土地承包经营权动态化管理；统筹城乡社会保障信息服务系统，实现农村最低生活保障信息和农村养老保险、医疗保险、失业、工伤、生育保险等信息的快速查询和服务；建设农村医疗卫生信息服务系统，逐步形成农村医疗、预防、保健、公卫、疾控的一体化管理与服务。

# 指导县域电子商务发展规划研制的“5.15模式”探讨

李 琪[①] 彭丽芳[②] 殷 猛[③] 梁 妮[④]

我们在十多年从事农村电子商务理论研究和近几年开展县域电子商务发展规划研制的实践活动过程中，逐步提炼出了一套指导县域电商规划研制的方法，我们把它归纳为：“5.15模式”，即区域电子商务规划的研制在充分把握本地情况的基础上，着重从5个方面、15个点上策划该区域的电子商务发展重点。该模式在指导县域电商发展规划研制和实施的过程中获得了多个县（市）领导的认可和支持，取得了显著的成效。当然，“实践之树长青”，理论常显灰色。我们在此抛砖引玉，以期更多更好的研究。

## 一、模式的基本内涵

该模式由区域电子商务发展的5个主要方面和15个着力点构成，是区域电了商务发展的有力抓手，能够取得执简驭繁的效果。

### （一）县域电子商务发展的5个主要方面

“5.15模式”中5个方面指：①园区（电子商务园区和相应的云数据：“一片园区，一片云”）；②服务（公共服务和市场服务）；③信用（生产、

①李琪，系西安交通大学经济与金融学院教授
②彭丽芳，系厦门大学管理学院教授
③殷猛，系西安交通大学经济与金融学院博士研究生
④梁妮，系西安交通大学经济与金融学院博士研究生

消费和流通的信用）；④物流（国有、民营、集体、个体的物流整合）；⑤创新（政府、企业、高校、科研、应用，五力协同创新）。

## （二）5 个主要方面涵盖的 15 个着力点

### 1. 1 批电子商务园区

在物理上，建立完善的包括电子商务孵化园、创业园和产业园的园区体系；逻辑上，建立电子商务云，整合电子商务数据，形成大数据，为政府、行业、企业提供宏观、中观与微观的过去、现在数据和预测、决策依据，园区的具体电商模式因地而宜。

### 2. 2 类服务体系

公共（政府）服务体系和市场（企业）服务体系。

公共服务体系分为 3 个层次：县级公共服务中心、乡镇公共服务中心和村级公共服务中心。公共服务主要由政府承担，政府发挥三大作用：①引领作用。首先要找到需求，将电商作为抓手，引领需求导向，引领社会发展。如需求导向最好的是定单化、个性化的生产，生产才会有针对性，才能摆脱盲目生产。电商可以做到这一点。②保障作用。主要是政府的公信力，可以作为电商生产的强有力诚信保障。从市级政府、社区、街道、村委会各级要协同合作，尤其是最基层的农村村委会一定要做好电商动员支持工作。政府的公信力需要保证农村真正的天然、绿色、特色食品能有质量保证，由政府背书，保障农副产品的质量。一方面政府要有食品药品质量检测，另一方面村委会要有生产商详细资料的备案。③支持作用。表现在人才、培训和政策三大方面。

市场服务体系分为两层：县域电子商务综合服务中心和商圈的电子商务服务站（点）。市场服务体系应该由电商综合服务型公司承担。电商发展综合服务平台的承建和运营者一般来讲应该是股份制的企业，其价值在于整合资源，掌握商务信息。根据商圈来制定电商服务站（点），当地的产品首先应该入驻这样的平台，可以服务小商圈的电子商务（代替以前的赶集市场），可以服务县域商圈电商（需要加入物流设施），还可以服务跨区商圈外出（即形成网货，要有物流集散地）。

3. 3 类电商协会

生产商电子商务协会、消费者电子商务协会和流通商电子商务协会。这 3 类电商协会的作用是保障产成品和服务的信用，保证消费者的消费信用监督和自律，保障流通商等的流通、交易信用。成为这些协会会员后的企业和个人具有组织归属感，能够得到协会的帮助与支持，也能够形成行业和个人的自律，保持和提高诚信度。互联网上对电商的产品、服务、身份的真实性要求比传统产业要高得多。这样针对生产源头的制假，消费者的知假买假，流通商的贩卖假货等都能发挥监管作用，可以形成良性信用生态环境。

4. 4 方物流协作

即整合国有的（邮政等）、集体的（供销社等）、民营的（仓储、运输公司等）、个体的（村民）物流资源，通过高效的机制，解决“最后一公里”的物流问题，使广大的农村电子商务物流配送基于多方协作机制实现双向快捷送达和服务。充分利用信息来整合社会物流资源。如“后备箱工程”（私家车的后备箱物流）、“顺路物流”等，重点解决偏远山区的物流问题。

5. 5 力协同创新

将政府、企业、高校、科研和应用等 5 个方面的力量整合起来，围绕城乡市场中企事业、广大农村居民和城镇居民的各方面需求，逐步建立起以政府为指导，企业为主体，高校为促进，研究为参谋，用户为导向的协同创新体系。在政策创新、规划创新、技术创新、商务创新、应用创新等方方面面，或独立或协同地大力开展电子商务以及电子商务拉动的产业、产品、服务等的转型升级创新活动，促进电子商务创新、创意和创业（“三创”）大发展，为区域，尤其是“三农”经济的发展提供核心服务和支撑。要倡导互联网思维、用户思维、要体现：互联、分享、创新的共享经济特色。政府要创新提出新的政策和行动。产业、企业要做技术创新、商业模式创新等。学术界要创新教育方式，网络培训、课程培训等。科研创新要在原始创新和递进式下功夫。用户创新要在方便性、经济新等方面创造价值。

5个方面分别由1、2、3、4、5个点构成，5个方面的数字化就是1+2+3+4+5=15，故而简称“5.15模式”。

## 二、实践案例

“5.15模式”已经在多个县级区域电子商务发展规划的研制中作为指导和参考，获得了县级领导的普遍认可和好评。通过规划的实施取得了显著的效果。下面举两个案例如下。

### 1. 山东省莱阳市电子商务规划简介

2015年4月，受莱阳市委市政府的委托，由西安交通大学、厦门大学、山东大学等一批高校和企业的专家组成的莱阳市电子商务专家委员会，在对当地电子商务发展实际情况深入调研的情况下，研究制定了《莱阳市电子商务发展规划2015—2020》。

莱阳市电子商务发展立足于莱阳传统优势产业资源，围绕莱阳特色产业的发展，借助互联网优势，以绿色食品（包含莱阳梨、葡萄、花生油等）为主（占GDP的51%）的莱阳特色产业（包括国家标准的莱阳布鞋）等为切入点，采取“互联网+”莱阳特色产业（莱阳绿色食品、莱阳布鞋等）的架构，以“立足莱阳、辐射全国、面向世界”的格局，大力发展电子商务，促进莱阳产业转型升级。以发展莱阳国际绿色食品、布鞋产业以及相关制造业、物流、仓储等其他产业电子商务为主要任务，以建设莱阳国际绿色食品电子商务综合服务平台工程、电子商务园区工程、智惠梨乡工程以及电子商务人才工程为发展重点，以成立两套机构、依托三个协会、规划三个园区、搭建五大平台的模式（即“2335”模式）重点工程，营造莱阳市电子商务生态系统，积极推进企业信息化建设，提高居民电子商务应用水平，加速莱阳市经济快速发展和社会信息化进程，发挥政产学研用五力协同的作用，创新推动莱阳市电子商务发展新局面，推动莱阳市经济高速发展。同时，山东省莱阳市也成功入选山东省电子商务示范县，成为烟台地区唯一入选的县级市。

2. 重庆市忠县电子商务发展规划重点简介

忠县是中国历史上唯一以“忠”命名的城市，位于重庆市中部，三峡库区腹心，是一座忠义之城、柑橘之城、山水之城、开放之城，县委、县政府将农村电子商务发展作为县域经济发展的重要支柱，围绕“忠诚电商、服务城乡”“政、产、学、研、用”五力协同，共同促进农村电子商务发展。

一是以政府为引领，农村电商全面发力。县委、县政府成立由一把手负责的电子商务发展领导小组；聘请全国高校电子商务与电子政务联合实验室主任李琪教授为“忠县电子商务形象代言人”；成立由西安交通大学、厦门大学、阿里巴巴等专家教授组成的“忠县电子商务发展专家委员会”；委托西安交大编制完成《忠县电子商务发展规划》。出台忠县《加快推进电子商务发展的实施意见》，整合商贸、农业、文化、小微企业发展资金，设立每年不少于 1 000 万元的“电子商务发展专项资金”，从平台建设、品牌打造、人才培训、物流配送等 7 方面支持发展。与市电信、市邮政、苏宁云商签订《战略合作协议》，为农村电商发展提供支持保障。组建“网上村庄”开展电商扶贫，引导专业合作社利用互联网开展乡村旅游服务、农产品销售；在 22 个贫困村开展电子商务、金融服务、便民超市“三进村”试点。组建“忠县电子商务协会”，吸纳 80 多家会员企业。引入澳大利亚“启澳”公司探索跨境电商；阿里巴巴、苏宁云商、北京・一亩田、江苏泰供润德电商、重庆老鸟商务、“村游网”“邮乐网”等落户忠县，将电商服务的触角延伸到村社、农户，帮助农民包装销售农特产品，农村电商发展全面发力。

二是以产业为主导，经营模式转型发力。依托国家现代农业示范区、国家农业科技园区、全国农业（柑橘）标准化示范县，培育了现代柑橘、优质粮油、健康畜牧、绿色蔬菜、生态水产等优势产业。在农村电商发展进程中，以优势产业为主导，引导企业触网行销：派森百橙汁在淘宝网、天猫、京东网开店，正在发开手机客户端官方APP销售终端，1—8月销售450万元，累计销售1 750万元；忠州腐乳公司搭建“忠州腐乳调味品专营店”、“忠州腐乳淘宝B店”等平台，组织覆盖PC端、移动端、APP端的网络分销体系，累计在线销售3 000多万元；洪坊药材、高鹏农业或自建“种植户、经销商、厂家”三方对接交易平台、或采用P2B模式自建中国农业行业网，探索“种养+加工+电商”模式，累计实现网络销售中药材、精品水果1 200多万元，优势产业传统企业转型发展成效显著。

三是以高校为支撑，电商人才培养发力。以高校为引领、县职教中心为依托、行业及第三方培训机构为支撑，制定人才培训规划，完善电商人才培育体系。邀请高校、知名企业专家学者，开展产品设计、包装、网上营销培训。整合京东、淘宝等知名电商平台教育培训资源，开展线上操作人才务实培训，解决本地传统企业、在职网商、创业青年电商学习成长问题。整合县职教学院和第三方培训机构，进行电子商务政策、理论、运营、实操培训。借助“电子商务实践基地”，吸引各地大学生在忠县实践基地进行项目成果转化。举办忠县电子商务进农村暨农村电子商务带头人培训会，组队参加重庆市第四届青年职业技能大赛电子商务项目“三竞赛”。

四是以科研为动力，创新电商生态发力。一是组建科研团队：以专家委员会为依托，汇集来自全国电子商务领域优秀团体和个人。目前忠县专家委员会参与的团体组织有1997年成立的国内第一个“电子商务研究所”、1998

年成立的“中国信息经济学会电子商务专业委员会”、2004 年成立的“陕西省电子商务与电子政务重点实验室”、汇集全国 30 多所高校和企业的“全国高校电子商务与电子政务联合实验室”等。二是科研团队为政府、产业、学校、用户等提供智库研究支持，为实践活动提供参谋。在政府方面，为政府在电子商务方面的政策及对策提供研究咨询；在产业方面，为第一、二、三产业电子商务发展的商业模式、商业组织、资源整合、应用创新等持续提供实践前、实践中及实践后的科学研究支持；在学校方面，为电子商务人才培养等提供策划、咨询、方案等；在用户方面，提供专业化前瞻性的研究报告及咨询服务，满足用户需求，提升用户满意度。为忠县电子商务的长期发展提供创新研究支持和引导。

五是以应用为目的，提升电商水平发力。用户是电子商务发展的目标和源泉，电子商务的发展归根结底是为了第一、第二和第三产业的企业和城乡人民群众通过利用电子商务，实现产业的转型升级和人民群众生活水平的提高。通过用户需求分析，发展新产品、优质产品，满足社会需求，提升用户满意度。

在“515 模式”指导下研究制定的电子商务发展规划实施中，2015 年先后被确定为商务部“电子商务进农村综合示范县”、全国供销合作总社“电子商务示范县”。

（案例部分参考：莱阳电商汇报材料和忠县电商汇报材料）

# 电子商务对生产者、消费者和产品的影响研究

赵冬梅[①] 王 明[②] 索皎莉[③]

电子商务的发展给农业带来了革命性影响。对生产者农民来说，电子商务的出现不仅帮助他们拥有了价格话语权，还使得部分农民由单纯生产者变为生产经营者，同时电子商务还能够使农民占领缝隙市场。对消费者来讲，电子商务的出现不仅可以为他们提供差异化产品和服务，还使得消费者按照自己偏好进行需求定制，同时电子商务还能够使他们以生产者角色参与生产规划。对产品来讲，电子商务的出现有效解决了供应链各参与主体间因信息不对称所引起的产品安全问题。总的来说，本报告详细分析了电子商务对生产者、消费者和产品的影响，以及现阶段从生产者和消费者角度看产品供应链中存在的信息传递不流畅、信息不对称问题，以期对电子商务与产品市场间关系有一宏观把握。最后，报告就如何有效建立电子商务背景下产品市场提出了政策建议。

## 一、电子商务对生产者的影响

### 1. 农民拥有了价格话语权

自古到今，不论年景好坏，收成如何，农民收入总是得不到大幅提高。有时甚至会出现“谷贱伤农”现象。归根结底是由于农民历来都是价格的接受者，农民自身在谈判价格以增加收入问题上毫无发言权。这一问题的产生

①赵冬梅，系中国农业大学经济管理学院教授
②王明，系中国农业大学经济管理学院博士研究生
③索皎莉，系中国农业大学经济管理学院博士研究生

主要是由我国农业特点决定的。长期以来，我国农业采取的小规模生产、分散经营的方式，使得我国农产品市场呈点状分布，相互间处于分割隔绝状态，孤立地发展着，导致价格集中生成机制尚未形成；另外，家庭联产承包制条件下一家一户经营，家庭农户搜索市场信息面临高昂的成本。这决定了传统农民不具备价格谈判能力，只能作为价格被动接受者。电子商务使得农民有机会直接面对市场、面对消费者，有了定价、议价的权利。随着电子商务的发展，不同地区农产品价格变得透明可见，这时农民再参与农产品交易时便有了谈判价格甚至制定价格的权利和可能性（图 1）。同时，由于网络应用的边际成本几乎为零，这也从经济上保障了农户搜索了解价格信息的可能性。

**图 1　农民拥有了价格话语权**

## 2. 部分农民从原来的生产者变为生产经营者

随着电子商务的发展，不少农民从原来的生产者变为生产经营者——农民网商。农民网商概括地说就是指运用互联网相关工具，在互联网上进行商业活动的农民。其主要来源是我国各地农村中有文化、懂技术、会经营的“能人”，他们接受新事物快，在电子商务兴起时能准确把握商机，成为“洗脚上岸”的农民网商。

目前，我国农民网商发展已初具规模。根据2014年阿里研究院发布的《中国淘宝村研究报告（2014）》（下文简称“报告”）显示，截至2014年12月全国已发现淘宝村[①]211个（其中，河北25个，江苏24个，浙江62个，福建28个，山东13个，河南2个，湖北1个，广东54个，四川2个），淘宝镇[②]19个。

从地理位置来看，淘宝村（镇）主要分布在东部省份，以浙江省为例，淘宝村数量达62个，中部西部省份淘宝村（镇）数量较少，相应的农民网商数量也就较少。具体而言，根据淘宝网、阿里研究中心发布的《淘宝村研究微报告2.0》显示，截至2013年年底，淘宝网（含天猫）上正常经营的注册地在农村（含县）的网店数为203.9万家，而农民网店与农民网商的比率基本维持在1∶1.63，因此截至2013年年底我国农民网商数量已超过330余万。平均每个网商带动1.63位农民从事电子商务业务，这种倍增效应会在短时间内爆发出巨大的威力，让更多的农民迅速接触电子商务。

3. 帮助农民争夺缝隙市场

“缝隙市场”是指那些被市场中的统治者或是有绝对优势的企业忽略的某些细分市场。这样的市场往往有着利润低、适用范围小、产品特殊要求多等特点，只要能够提供符合要求、差别化的产品，生产者投入往往并不大，却可以因产品不可替代的适用性而获取丰厚的回报，因此，“缝隙市场”非常适合小企业以及农户发展的立足点。而农民要想抢占和发展“缝隙市场”，则主要需要依靠电子商务、网络营销等这种低成本且能覆盖大量用户的渠道优势。

目前，农民利用电子商务占领缝隙市场，争夺个体消费者已经形成了成熟的模式——个人在以淘宝网为主的第三方平台上上销售产品的淘宝网模式

①淘宝村是指经营场所在农村地区，电子商务年交易额达到1 000万元以上，本村活跃网店数量达到100家以上，或活跃网店数量达到当地家庭户数10%以上

②淘宝镇是指一个镇、乡或街道出现的淘宝村大于或等于3个

和以村为单位在淘宝网上经营“一村一品”的淘宝村模式。“淘宝网”是目前中国最大的网购零售平台，其作为第三方平台，对买卖双方几乎没有什么限制，农户通过注册成为淘宝用户后，可以通过淘宝网买卖商品，很多农民在淘宝网商经营农产品形成农民网商。

相比于传统市场上农户交易，淘宝网模式和淘宝村模式都利用电子商务建立的网上虚拟市场为农户与消费者提供直接谈判交易机会，突破传统线下交易模式中的中间环节限制，减少交易成本，提高交易效率，增加农民收入。但是淘宝网模式和淘宝村模式，两者又有不同。传统市场上农户交易、淘宝网模式交易、淘宝村模式交易区别如图 2 所示。

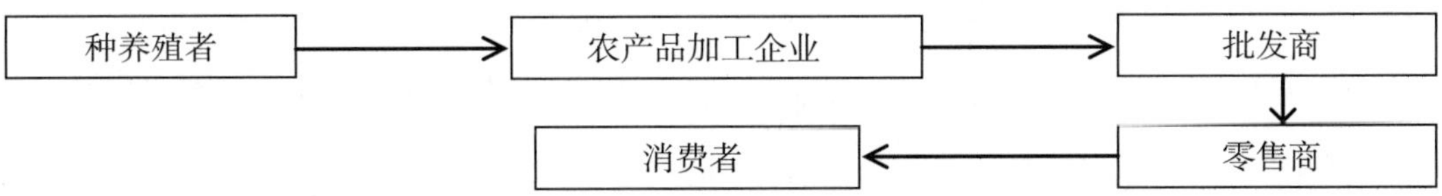


**图 2-1　传统市场上农户交易**

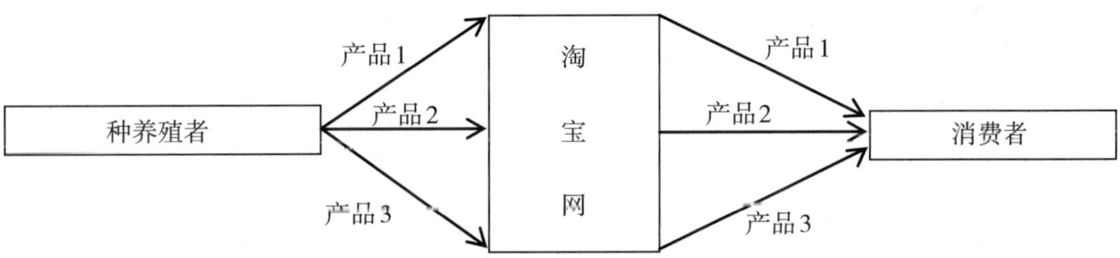


**图 2-2　淘宝网模式**

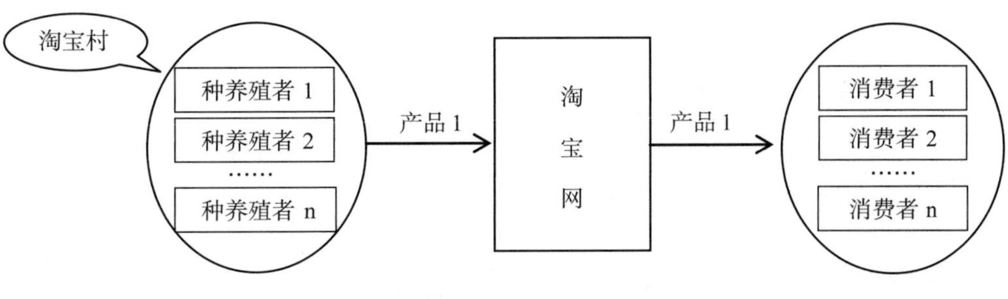


**图 2-3　淘宝村模式**

**图 2　传统市场上农户交易、淘宝网模式交易、淘宝村模式交易区别**

淘宝村模式以村为单位发展呈现出规模化、产业化特点，使得农户经营产品的种类相对固定单一，很难改变。即使有网商想根据市场需要调整经营产品种类也因早已形成的融资要求、物流条件、政策环境等难以实施。从而逐渐形成“一村一品”格局，像浙江省临安市白牛村的山核桃、江苏睢宁县东风村的家具、山东曹县丁楼村的演出服道具服等。淘宝网模式中，大部分农民网商是半农半商，从事农业生产基础上进行网销，顾忌较少，可以根据自己能力和市场需求随时调整网销产品。

总体来说，电子商务的出现对农民帮助很大，一方面帮助农民拥有了价格话语权，另一方面还使得部分农民由过去单纯生产者角色变为生产经营者，此外电子商务技术还允许农民从源头上占领缝隙市场。但是电子商务的出现并没有完全改变农民处于信息弱势的地位，数字鸿沟问题依然存在，如图 3 所示。

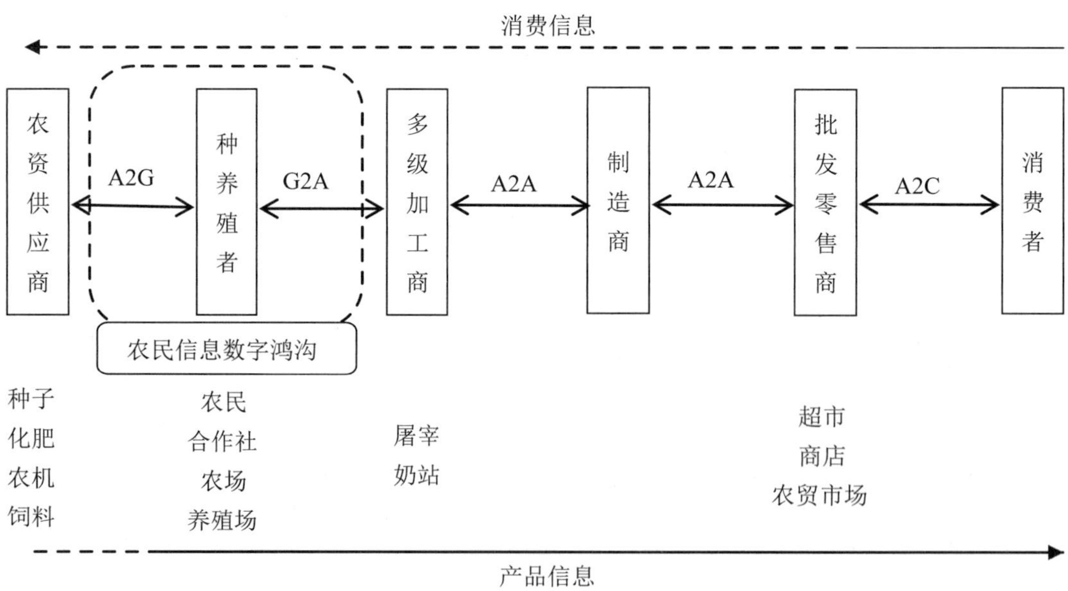


**图 3　电子商务中农民面临的数字鸿沟**

电子商务出现之后，农民可以与农资供应商、多级加工商相互交换信息，甚至不少农民变为网商后还可以直接与消费者交换信息。但是大多数情况下，农民还是与农资供应商、多级加工商间相互交换信息最多。以农民与多级加工商为例，大多数情况下多级加工商提供电子商务平台，农民只能利用该平台销售产品或者因产品原因只能卖给多级加工商加工后才能销售，此时作为信息供给者，其自身信息会被弱化甚至覆盖，种养殖者无法把自身产品信息传递给消费者。同样作为信息需求者，种养殖者从多级加工商平台上得到的信息可能是经过过滤后的对多级加工商有利的信息，种养殖者无法得到完全充分的市场信息。

## 二、电子商务对消费者的影响

### 1. 提供差异化的产品和服务

首先，电子商务使营销的农业产品发生变化，通过网络营销可以提供所有能够数字化、信息化的农业产品或服务项目。由大量销售产品转向定制销售产品和个性化的“一对一”网络整合营销，给消费者提供产品的同时，更像是给消费者提供了一种解决方案；其次，电子商务通过网络直销改变了传统的迂回模式，实现零库存、无分销商的高效运作，对企业的配送提出了新的要求；再次，电子商务的产生使市场营销增加了一种全新的、效果较佳的广告和公关工具，即网络广告和网络公关；最后，电子商务的应用使得产品供应链各参与主体间的信息传递效率提高，供应链中的其他参与主体，例如制造商、加工商以及个人生产者等都有可能获取以前大量的市场调查工作也难以得到的消费者信息，从而为实现产品差异化奠定基础。

总体来说，电子商务能够使企业按照消费者偏好，发挥比较优势和差异化优势为消费者提供差异化的产品和服务。

### 2. 需求定制

电子商务的产生和发展打破了地域分割、缩短了流通时间、降低了物流、资金流及信息流传输处理成本、使生产和消费更为贴近，使客户有极大的商品选择空间和余地，而且此时的消费者消费时表现出明显的“个性化”特征。但是，在农业领域的传统销售模式下，尽管许多企业为消费者提供了满足其个性化需求的产品和服务，但由于传统媒体的单向传播性，在某种程度上阻碍了消费者与企业的信息沟通，企业无法直接了解消费者需求，消费者的个性化需求也不能及时向企业传递，消费者不能得到符合个性化需求的定制产品。而电子商务的发展使得消费者的消费个性化回归，促使企业营销的重心由“推销已有产品”转变为“满足客户的个性化需求”。

根据需求定制，形成了农产品个性化消费的趋势。消费者不再被动地接受商家或厂家提供的某些产品或商品，消费的主动性加强，可直接向企业表达自己的独特要求，甚至可以参与新产品的开发和研究，参与到企业的生产经营过程，从而使消费者的个性化需求得以满足，也使企业由于市场不确定性因素的减少，更易于把握市场需求，更好地服务于消费者。

### 3. 可参与生产规划

电子商务的出现可以使得消费者参与生产规划。例如，“聚土地”项目。“聚土地”项目是把农村闲置的土地流转到电子商务公司名下，电子商务公司再把土地流转给消费者，消费者可以获得土地上的产出，并且能够获得农地旅游免门票和免住宿的待遇；同时，农民可以从每亩地上获得流转资金，并且农民可以再次获得劳动报酬。2014 年 4 月，安徽省绩溪县仁里、龙川、湖村三个地方进行聚土地项目第一期，认购人数共计 3 500 人，共认购 465 亩。聚土地项目流程如图 4 所示。

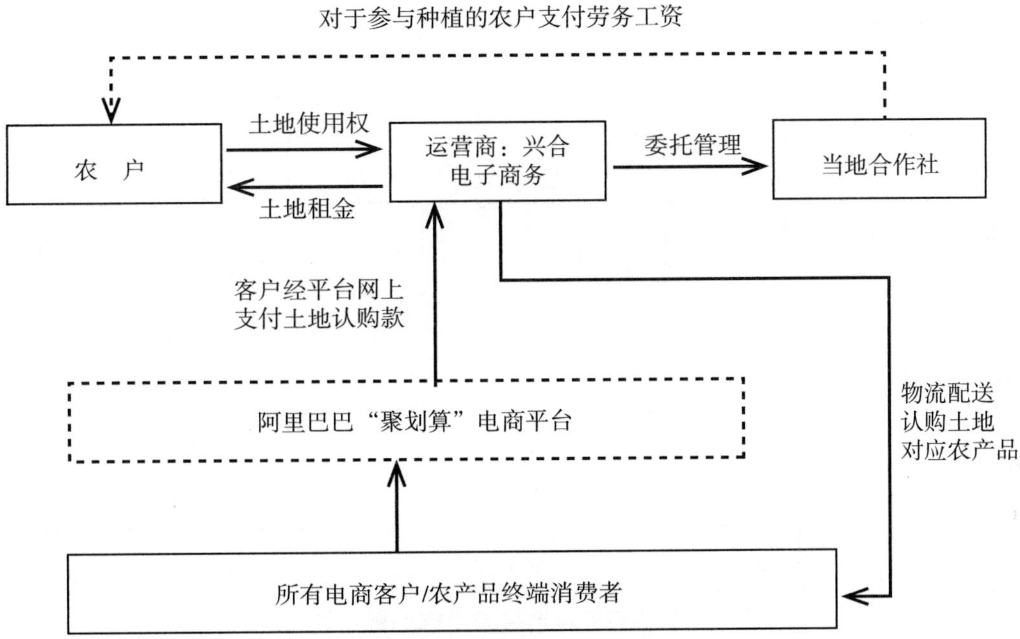


**图 4　聚土地项目流程**

聚土地项目既可以使消费者参与到农业生产规划中，满足自身种植养殖的兴趣，还可以增加农民收入，总地来看对参与各方都有好处。但是，通过我们对安徽省绩溪县仁里、龙川、湖村等聚土地发展状况的调研得知，聚土地问题在实际发展中仍旧存在很大问题，首先项目用户为淘宝客户，资金能力不够；其次，项目发起人为浙江省侬联电子商务有限公司，影响力相对较低；再次，农产品运输问题。客户较为分散，物流质量和速度难以保证，同时物流费用较高。

对消费者来讲，电子商务的出现不仅可以为他们提供差异化产品和服务，还能够使得消费者按照自己偏好进行需求定制，同时电子商务技术还允许他们以生产者角色参与生产规划。但是电子商务的出现并没有完全改变消费者处于信息弱势的地位，消费者仍然面临数字鸿沟问题，如图 5 所示。

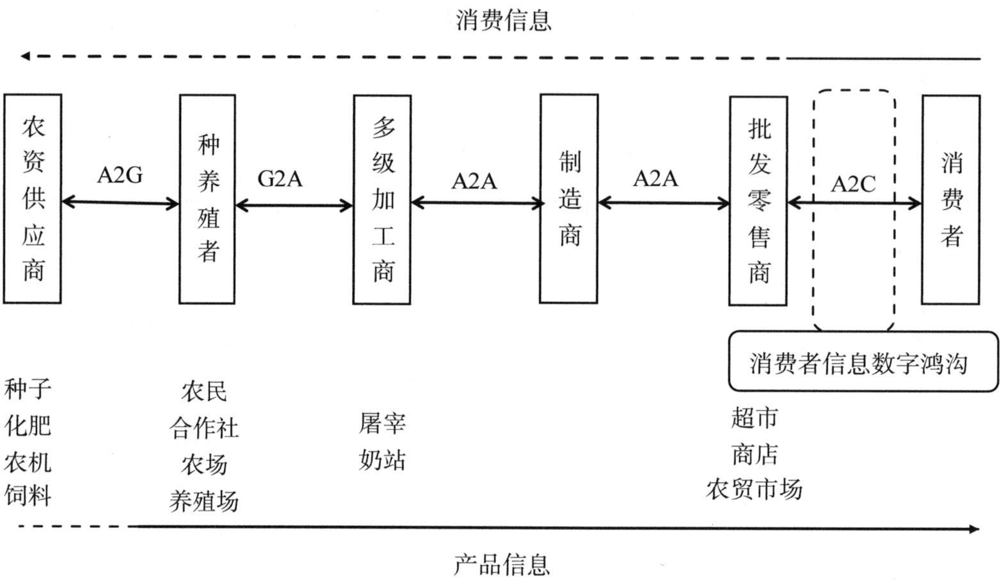


**图 5　电子商务中消费者面临的数字鸿沟**

随着网络购物、POS 机结算、信用卡消费等不同电子商务模式的出现，消费者可以把自身信息传递批发零售商，甚至直接与种养殖者进行信息交流。但是大多数情况下，消费者还是与批发零售商交换信息最多。以消费者超市购物为例，消费者通过记录把偏好反馈给超市经营者，但是超市经营者是否把信息或者把多少有效信息传递给制造商和种养殖者就很难确定了。同样从信息需求者角度来讲，消费者只能从超市得到产品信息而无法得到产品最初供应端的情况。

## 三、电子商务对产品的影响

电子商务的发展极大地促进了信息的交流和传递，尤其是像部分农民成为网商后，农民和消费者有了直接交换信息的机会。但是通过上面的分析我们也不难发现，信息在整个产品供应链上传递不完全、不通畅现象仍然存在，并且产品供应链上不同参与主体间信息不对称问题也没有得到彻底解决。这些问题的存在表明了产品安全问题依然存在。随着电子商务的进一步发展，为了解决这一问题，对产品建立追踪溯源系统以涵盖整个供应链信息的做法应运而生。

1. 第三方追溯系统控制整个供应链

由政府或者互联网公司建立的第三方溯源系统可以有效控制整个产品供应链，达到公开产品信息，保障产品安全的目的，如图6所示。

从图6可以看出，溯源信息库可以把产品从生产主体到消费主体整个供应量信息都包含进来。同时供应链各参与主体通过政府/互联网企业等建立的溯源信息库查询产品在各个环节的信息。而政府或者互联网企业等作为第三方，在信息披露时相对客观，使得供应量各参与主体得到的信息真实可靠。

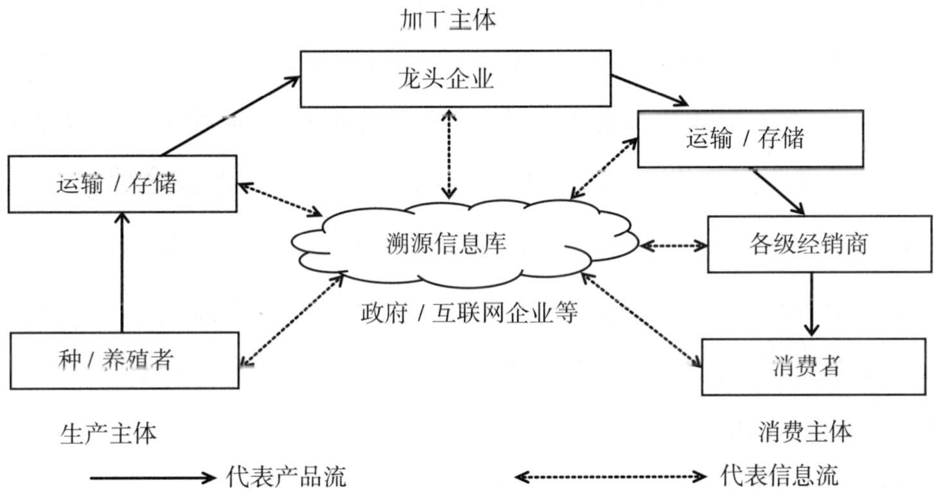


**图6　第三方追溯系统流程图**

但是第三方溯源系统也有其缺点，主要表现为一方面可追溯系统成本较高，使得追溯系统基本应用于供应链的较高端，通常将初级加工商之下的环节排除在外；另一方面即使农民等生产主体可以参与，在技术上，还是未脱离人为操作，要求农民对产品自行输入，虽然统一标准，仍旧存在信息的“偏差”。

2. 龙头企业建立溯源系统，用标准效率区分控制质量

目前，不少龙头企业已经意识到溯源重要性，并且建立了产品溯源系统，一方面运用溯源系统反馈的产品信息掌握市场需求，另一方面当发生产品安全事件时也可以分清权责，减轻赔偿损失，如图 7 所示。

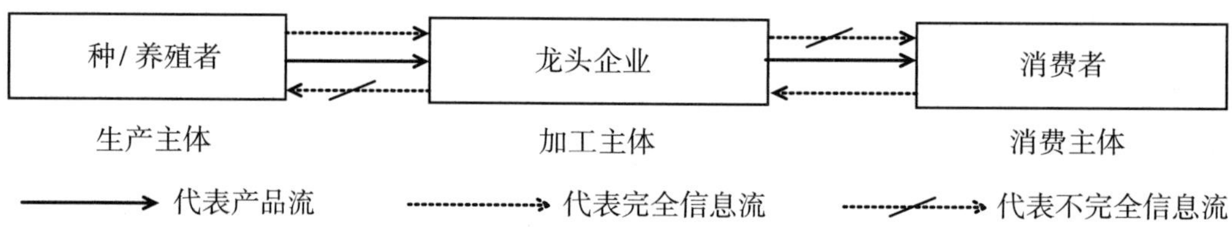


**图 7　龙头企业追溯系统流程图**

从图 7 可以看出，龙头企业通过建立追溯系统，可以获得关于消费者的消费需求，然后根据市场需求对种 / 养殖者等生产主体制订收购准则，用标准和效率区区分控制产品质量，倒逼种养殖者精细作业。同时，当产品安全问题发生时，龙头企业也可根据信息记录查处责任，有效保障消费者权益。但是在龙头企业建立的追溯系统中，龙头企业既作为产品买方又作为产品卖方，此时对产品有绝对的把控，出于自身利益的考虑，会对市场信息进行过滤。即龙头企业会从自身利益出发对上游农户制订“霸王条款”，对下游消费者提供虚假信息。

3. 消费者可以自行控制生产

前面我已经说过，电子商务可以满足消费者需求定制和参与生产规划的需求。然而随着电子商务的进一步发展，消费者甚至可以自行控制生产。

电子商务满足消费者需求定制是指消费者根据自己偏好来要求生产者生产制造个性化产品，电子商务满足消费者参与生产规划是指消费者可以对产品生产者下达生产规定和生产计划。而这里指的是电子商务可以使消费者自行控制生产，而不需对生产者下达指令，从而满足消费者意识中的产品生产条件和细节，即消费者自身就是生产者。例如，消费者可以利用手机对蔬菜

大棚的土壤、温度、湿度等进行了解，并且可以对温度、湿度等进行远程控制和调节，自己生产自己的蔬菜。

## 四、电子商务环境下产品市场发展建议

### 1. 建立更有效的市场，让价格和价值真正对等

在一个有效市场中，质量好的产品能够卖出好的价格，质量差的产品只能卖出差的价格。但是由于信息不对称而形成的柠檬市场往往存在“劣币驱逐良币”现象，通俗地讲就是好产品不能卖出好价钱。为此，我们应该创新市场机制，鼓励模式创新，大力发展如拍卖等电子商务模式，减少信息不对称，增加竞争，优胜劣汰。

### 2. 鼓励第三方平台的建立

目前虽然电子商务的发展不能彻底解决信息在产品供应链上传递不完全、不流畅问题，但是电子商务的发展无疑在促进市场各参与主体间信息传递以及解决市场各参与主体间信息不对称问题上作用巨大。因此，我们应该大力发展电子商务。电子商务的发展往往是以平台为依托和载体，在建立电子商务平台时，我们倾向于鼓励第三方平台的建立。第三方独立于买卖双方，其所处地位更客观，因此在制订规则和制度时会更加客观、公正，能最大程度地保障农民等弱势群体的利益。

### 3. 探索新型农民合作社机制，真正代表农民利益

目前，我国的农民合作社机制存在很大弊端，对农民“管”和“卡”太多。相比较而言，国外一些合作社案例值得我们借鉴，例如美国新奇士合作社。新奇士合作社是成立于 1893 年的一家非营利性购销合作社，包含 6 500 名柑橘种植者，是世界上历史最久、规模最大的柑橘营销机构。新奇士合作社最大的创新在于能够通过对生产、运输、销售等各环节的信息获取明确各参与主体的利润分配。从而使得农民利益得到保障。

# 农业电子商务：澳大利亚的现状与启示

Gregory Whitwell ① 董朝晖 ② 董朝阳 ③

引　言：2015 澳大利亚农业竞争力白皮书的开卷语是“农业对我们国家的成功至关重要，它与每一位澳大利亚人都息息相关”，这同样适用于中国，事实上发展农业是中国的长期国策。在新的历史时期下，中国农业将进入一个大的创新和变革时代，肩负着为国民提供充足，优质和安全食品的重任，同时也要为国家环境保护大计和城镇化进程做出决定性的贡献。

目前中国 13.6 亿的人口中的一半仍然居住在乡村，根据研究机构 iResearch 的研究发现，只有不到 30% 的农村人口可以接触到互联网，只有不到 10% 的农村人口有曾经在网上购物的经历 ④。电子商务仅占整个中国农业贸易的 3%。中国农业部估算 2014 年中国农业产品的在线交易超过 RMB 1 000 亿的规模 ⑤。阿里巴巴的研究机构“阿里研究（AliResearch）”认为 2014 年中国农村地区的电子商务市场达到了 1 800 亿人民币的规模；而且到 2016 年的时候将达到 4 600 亿人民币的水平 ⑥。中国农业电子商务有着巨大的市场规模和增长潜力。

① Gregory Whitwell，悉尼大学商学院院长

②董朝晖，悉尼大学博士研究生

③董朝阳，悉尼大学电气与信息工程学院院长，中国千人计划专家

④ Ibid.

⑤ http://technode.com/2015/08/21/e-commerce-agriculture/

⑥ http://abf.events/china-to-promote-e-commerce-to-modernise-agricultural-sector/

2015年中国提出的互联网+战略的核心是将互联网与传统行业结合以期带来更多的创新和提高生产效率，由此为经济稳步发展提供持续的动力。农业是此项计划的重要组成部分之一，以互联网+技术为核心的物联网，大数据，云计算和移动计算等信息技术必将对农业产业产生巨大的影响。世界发达国家的农业自动化和信息化发展较早，在农业生产效率和农产品电子商务方面还是有着显著的优势。例如，2014年澳大利亚的AVAPW农业工人人均增加值（世界银行农业生产效率标准）是50 498美金，远远高于中国的790美金。澳大利亚农户的高速互联网接入率高达82%，农业电子商务的发展已经有十几年的历史。

## 一、澳大利亚农业的整体介绍

根据澳大利亚统计局最新数据显示，澳大利亚农业用地占国土面积的53%，约合4.06亿公顷。2013—2014年度澳大利亚农产品产值约510亿澳元，农业的GDP贡献为2%。农业支撑着澳大利亚最大的制造业——食物，酒类和烟草加工，经济总量是250亿澳元，占制造业总GDP的25%。

国际市场对澳大利亚农业至关重要，澳大利亚农业产品的65%最终用于出口。在2013—2014年度农业出口产值为412亿澳元。澳大利亚的农产品销往100多个国家和地区。就出口额而言，最大的三个出口市场分别是中国（90亿澳元），日本（35亿澳元）和美国（30亿澳元）[①]。澳大利亚主要农产品包括小麦、羊毛和牛肉，也是谷物、油籽、豆类农作物的重要产区。除此以外，它也富产大米、糖、棉、葡萄、香蕉、土豆等农作物。禽类农产品主要是牛肉、羊肉、羊毛和乳制品[②]。需要指出的是，尽管澳大利亚的农业占

① Australian Bureau of Agricultural and Resource Economics and Sciences（ABARES）澳大利亚农业与资源经济与科学局2015年数据

② http://www.aust-immig-book.com.au/business/overview-australian-agriculture

国民生产总值的比重不断下降，但其仍然是世界上主要的农产品生产国。澳大利亚农业也逐渐减少对传统农产品的出口，更多地转向精加工产品，例如，酒、奶酪、海鲜的出口变得相对更加重要了①。

澳大利亚大约有 115 000 家企业以农业作为其主要业务；另有 13 900 家企业以农业为第二业务。澳大利亚农业企业中，99% 的企业为澳大利亚当地人全资拥有；97% 的农业企业为小规模企业，即年营业额低于 200 万澳元的企业②。家庭农场仍然是主要的经营模式。澳大利亚 85% 的大田农场及 95% 的乳业农场的经营每年占用 48 个星期的家庭劳动力时间。澳大利亚农村从业人口大约有 27 万，除此之外还有约 22.3 万人从事跟农业相关的食品，烟草及酿酒行业。农业劳动力占整个劳动力市场的比重已经从 1966—1967 年度的 8%，下降为 2013—2014 年度的 2%。科技的进步提高了生产力是主要推动力。

## 二、澳大利亚从国家层面对农业的总体安排及挑战

根据 2015 年 7 月最新出版的《澳大利亚农业竞争力白皮书》介绍，澳大利亚将在五大领域加大对农业的投入，即更加公平的农业商业环境，建设 21 世纪农业基础设施，加强对干旱的风险管理，农业科研投入，和开拓优质国际市场。这份白皮书将为农业注入约 40 亿澳元的促进投资③。澳大利亚将推出一系列鼓励政策和措施来全面综合地提高农业竞争力和国际市场份额。在国家层面的顶层设计中，特别强调了农业物流基础设施和现代化通信及科技对农业的重要影响。这和中国提出的互联网 + 农业不谋而合。

① http://www.aust-immig-book.com.au/business/overview-australian-agriculture；http://www.pc.gov.au/research/supporting/agriculture/agriculture.pdf

②澳大利亚统计局 2013 年数据

③ Commonwealth of Australia 2015，Agricultural Competitiveness White Paper，Canberra；available online at http://agwhitepaper.agriculture.gov.au/Pages/white-paper0702-124.aspx

## （一）澳大利亚农业：物流基础设施的挑战

澳大利亚农业物流供应链从生产，加工，到市场上，可以覆盖 1 000 千米以上的范围①。运输是农业成本的一个重要组成部分，平均占 21%；有些情况下甚至占比高达 48.5%②。降低物流成本将是政府重点解决的问题。公路和铁路是农业运输的主要方式，运输需求压力一直在持续增长。到 2030 年，内陆运输（吨 · 千米）较 2010 年水平将增长 70%，其中铁路和公路运输增长将超过 80%。

政府将投入总额 500 亿澳元用于现有及将来的农业基础设施建设，其中 420 亿将用于铁路和公路网的建设。澳大利亚联邦政府的优先考虑是未来建设一条内陆铁路运输大通道，连接北部的布里斯班及南部的墨尔本。到 2050 年，这条大通道将把目前的内陆运输时间虽短 1/4；并且目前公路运输的 200 万吨农业物资将改为铁路运输。与基础设建设配套的安排也包括沿海船运，政府已经开始安排相关立法来建设一个更具竞争力更有效率的沿海船运工业体系。在新的法规体系下，目前烦琐的船运管理系统，将被“单一许可证制度”代替。

## （二）澳大利亚农业的未来：通信和科技扮演重要角色

2015 年农业白皮书提出要为偏远地区提供更好的移动通信和互联网覆盖，以帮助农民更有效地实现信息化生产，和了解并拓展市场。根据澳大利亚通信与传媒管理局的一项研究发现，在 2013 年往前的 7 年时间里，移动宽带为澳大利亚农业生产力的提高贡献 2.1%③。但遗憾的是在澳大利亚很

①澳大利亚科学与研究院 2015

② Agricultural Competitiveness White Paper，p.66

③ Agricultural Competitiveness White Paper，p.74

多地区这些通信设施还没有建立起来，或者还不稳定，或者使用成本过高[①]。尽管澳大利亚移动运营商已经覆盖了 99% 的人口；但仍有约 70% 的陆地国土面积没有移动通信覆盖[②]。

澳大利亚政府已经认识到了提供优质高速的互联网接入和数据传输的重要性。因此政府推出了"国民宽带网络"计划，又称 NBN 计划。政府成立专门的机构负责资助安装覆盖全境的宽带基础设施。但由于高速发展的宽带技术，高成本的网络基础设施建设，广袤的澳大利亚内陆及偏远地区低密度的人口分布（澳大利亚不到 13% 的人口居住在偏远地区），以及关于何时何地建设等政治因素的干扰，政府已经意识到很难计划和执行此项计划。该项计划的实施已经被拖延，而这种拖延制约了澳大利亚农业的发展[③]。

澳大利亚政府将投入 295 亿澳元用于推动其 NBN 计划。这包括 2015—2016 年度发射两颗第二代 KA-band 通信卫星，这将大幅度提高偏远地区的通信水平以及数据的传输速度和传输量。截至 2016 年 9 月，在偏远地区将新建约 110 万个宽带网点，这将占整个建设计划的 52%。

可靠及经济适用的移动电话及互联网覆盖网络对偏远地区的农业发展至关重要。更好的服务将为澳大利亚农业创造革命性的增长潜力。这将有助于更加有效地管理农业体系和日常运营。一个成功的例子是，一家位于新南威尔士州"Mudgee"地区的私人家庭牧羊农场（Mudgee Lamb），已经在通过互联网推销他们的产品。仅仅通过"脸书"一个渠道，他们已经与超过 12 000 家用户取得了联系[④]。

---

① Agricultural Competitiveness White Paper，p.71

②澳大利亚联邦政府 2015 数据

③ Tomlinson，"Australian Farmers Could Remain Years Behind Global Peers due to NBN Delays"

④ Agricultural Competitiveness White Paper，p.75

2015年农业白皮书确认到高质量的宽带将为传统农业升级到精准农业提供支持，进一步为未来的大数据时代的农业发展提供保障。信息技术的发展已经将农业从基础的GPS耕作带到了精准农业耕作的历史阶段，下一阶段将是大力发展大数据农业。 在这方面澳大利亚有一个成功的案例就是由“GrainGrowers”机构开发的“在线智慧生产农作物管理系统[①]”。

澳大利亚的农业自动化程度高达90%，从生产到加工的各个环节，自动化程度都非常的高，现在正在逐步进入信息化的精准农业时代。

澳大利亚主要农产品是谷物，葡萄酒，甘蔗和畜牧业，这些领域的信息化程度也较高。2012年数据显示，这些领域的精准农业技术普及率在11%～35%[②]。

澳大利亚气象局富尔江博士提出了搭建“国家大数据精准农业信息平台”的概念。作为大物联网的一部分，它将有效地提高农业电子商务的综合效率和产品质量，在降低综合成本的同时，也确保消费者最终可享用到“高品质”产品。

以精准农业为核心的新技术，对农业生产环境和作物生产进行全面和深入的监测，通过数据分析和科学模型对施肥施药给水进行精准的控制。从根本上改变简单粗放的生产方式，不仅可以减少农业生产对环境的污染，还可以保证农产品的安全。在澳大利亚等一些发达国家，超市里出售的一些农产品可以查询到个体施肥施药和生长环境的信息。近些年快速发展的大数据技术，将把精准农业提升到一个全新的水平。从目前的局部优化，升级成区域优化和科学规划。在未来，大数据将融入每个农民的日常生产和生活中，各类信息系统将为农民提供实时的定制化的高品质信息服务，从而保证农产品

① ProductionWiseOnline Crop Management

②R.Bramley and S.Trengove，Precision agriculture in Australia：present status and recent developments，Eng. Agric.vol.33 no.3 2013

的产量和品质。大数据技术大大增加了精准农业信息系统可以利用的数据，不只是采集的区域数据，还包括气象数据，水资源数据，环境质量数据，农资农机市场数据，农业加工生产数据，消费者信息等。快速的整合和利用这些数据和信息，将对每个农户的生产起到重要的指导作用。农户和政府可以根据实时信息对农产品生产进行精细和快速的调整，从而实现经济，环境和社会的协调发展。

目前发达国家（地区）也在国家层面（甚至超越国家层面，例如欧盟）来部署和开展数据整合和大数据方面的工作。澳大利亚 2010 年开始在国家气象局实施环境数据的国家整合（包括气象、水、环境、海洋和太空等），是世界目前数据整合做得最全面的国家，为下一步实施国家大数据战略打下坚实的基础。

这样的国家统一规划和投入，有利于每个农户都从中获益，全面的提高农业生产效率。大数据信息技术也是中国快速进入高效率农业大国的契机。建立国家主导的大数据精准农业信息平台能够发挥中国资源整合的优势。不断累计的数据和不断优化的信息系统将为农业生产效率的提供持续的动力，满足国民对农产品品质和数量快速增长的需求，为农业电子商务的稳步发展，以及大数据时代的农民收入和生活品质的提高提供保障，也为中国城镇化发展提供坚实的基础和动力①。

①富尔江博士：“这样一个国家战略信息系统，需要长期的持续的投入，国家规划和部署。系统实现的技术难度高，人和体制的因素影响更大，国家数据整合本事就是一个复杂的系统工程。然而国家数据整合和大数据是必然的趋势，不仅农业需要，经济，环保，城镇化，每个人的日常生活都将大大受益。失去这个契机的成本是巨大的，和国际发达国家农业生产效率的差距会持续拉大，从而导致农业产品受到国际市场的冲击和控制。”

# 三、澳大利亚农业电子商务

## （一）澳大利亚电子商务市场总体介绍

根据 2015 年 4 月份发布的“全球电子商务市场排名[①]”（表），澳大利亚位列全球电商市场第十名。这份名单综合考虑计入市场规模、消费者行为、可用基础设施、增长潜力等因素最后得出该排名。排在前十位的其他国家依次为：美国、中国、英国、日本、德国、法国、韩国、俄罗斯、比利时。澳大利亚以其强力的金融市场，物流体系，及通信基础设施等优势跻身世界前十位。

**表　全球电子商务市场排名（前十位）**

| 国家排名 | 在线市场规模（40% 权重） | 消费者行为（20%） | 增长潜力（20%） | 基础设施（20%） | 综合分数 |
|---|---|---|---|---|---|
| 美　国 | 100 | 83.2 | 22.0 | 91.5 | 79.3 |
| 中　国 | 100 | 59.4 | 86.1 | 43.6 | 77.8 |
| 英　国 | 87.9 | 98.6 | 11.3 | 86.4 | 74.4 |
| 日　本 | 77.6 | 87.8 | 10.1 | 97.7 | 70.1 |
| 德　国 | 63.9 | 92.6 | 29.5 | 83.1 | 66.6 |
| 法　国 | 51.9 | 89.5 | 21.0 | 82.1 | 59.3 |
| 韩　国 | 44.9 | 98.4 | 11.3 | 95.0 | 58.9 |
| 俄罗斯 | 29.6 | 66.4 | 51.8 | 66.2 | 48.7 |
| 比利时 | 8.3 | 82.0 | 48.3 | 81.1 | 45.6 |
| 澳大利亚 | 11.9 | 80.8 | 28.6 | 84.8 | 43.6 |

澳大利亚虽然人口少，但在消费者行为和基础设施两项上，得分远远超过中国；跟人口相对应的是中国的市场规模和增长潜力则远高于澳大利亚。

①国际管理及咨询机构 AT Kearney 发布

中国在基础设施方面的发展将会大幅度提高综合得分，超过排名第一的美国市场仅一步之遥。

另据澳大利亚国民银行（NAB）的数据显示，澳大利亚的在线零售业较前一年约增长 9%。

澳大利亚拥有世界最先进的网络基础设施，高速互联网几乎实现全民覆盖，约 60% 以上的人口保持每天上网多次的记录；虽然只有 2 200 万人口，澳大利亚在线业务的开展速度全球领先，2010—2012 年平均增长 200%。澳大利亚网民的平均在线消费亦是世界第一，平均每个订单消费 142 澳元（2013）。2010 年，澳大利亚电子商务销售额达 270 亿澳元；仅仅三年以后，在线销售达 370 亿澳元，涨幅迅猛。就平均消费而言，澳大利亚电子商务用户平均年消费 1 048 澳元（2012），仅一年以后人均年消费增至 2 616 澳元（2013）。与此同时，越来越多的网络用户使用移动设备进行在线采购。在澳大利亚超过 57% 的网络购物者更多地使用移动设备进行网络购物[①]。

支付门户“eWay”在刚刚公布的“澳大利亚第三季度在线零售报告”中指出 2015 年将是澳大利亚电子商务创记录的一年。澳大利亚人在过去的一个季度（7—9 月）在网上共消费了 49.8 亿澳元；较上一年的同期增长 15.2%。截至第三季度末，澳大利亚在线消费约 143 亿澳元，2015 年超过 2014 年的 166 亿澳元记录已毫无悬念。国际市场对澳大利亚的在线采购较去年同期也增长了 26.4%，根据信用卡的交易记录显示，排在前六名的国际市场分别是：新西兰（占国际市场采购总量的 33.3%），美国（12.9%），英国（7.9%），新加坡（2.7%），中国（与新加坡一样，同为 2.7%）。这些数据显示，澳大利亚面向亚洲的电子商务潜力巨大，有广阔的增长空间[②]。

① Australia Business Review，August 2014

② eWay 2015 Q3 Online Retail Report

## （二）澳大利亚农业电子商务的应用

跟中国相比，澳大利亚农民在互联网的应用上要先进得多。另外，较中国农民而言，澳大利亚农民更早地利用了互联网。早在2007—2008年，澳大利亚66%的农场利用互联网运营其业务，有48%的农户用上了高速宽带。然后在这些统计数据的背后，有很多的变量在影响着澳大利亚农民对互联网的应用。互联网的应用跟农场的规模紧密正相关；而互联网的应用跟与城镇的地理距离成反相关关系。根据2007—2008年相关数据表明，与城市距离较近的小规模农场较少地使用互联网经营自己的生意，而与城市距离远的偏远地区农场更倾向于利用互联网经营自己的业务[①]。

2011—2012年的数据进一步表明农场的规模跟互联网的使用有紧密的相关关系[②]。根据澳大利亚统计局的数据，2011—2012年度，"农，林，渔"领域中84.2%的企业拥有互联网设施，但仅有10.8%的企业拥有自己的网上门店。相比之下，澳大利亚所有行业整体而言，91.9%的企业拥有物联网设施，其中44.6%的企业拥有网络销售门户。农林渔行业在网上下单的比重上也大大滞后于全行业的平均水平，分别是36.9%和55.3%；而网上接单的比重分别是11.5%和27.8%。

"澳大利亚偏远地区研究所"分析显示，大部分澳大利亚农场所在的地区，却拥有着最低的互联网平均覆盖率。在这些地区宽带质量的差别也很大。研究机构Tomlinson认为"偏远地区宽带设施的相对落后无疑是农林渔业互联网业务发展滞后的主要原因[③]。

① http://www.abs.gov.au/ausstats/abs@.nsf/mf/8150.0

② Adam Tomlinson, "Australian Farmers Could Remain Years Behind Global Peers due to NBN Delays," Australian Farm Institute, 2015; available online at http://www.farminstitute.org.au/newsletter/2015/May/May_2015_featurearticle.html

③ Ibid.

尽管受到基础设施的限制，澳大利亚农业从业人员无法充分高效地利用互联网开发他们的业务，但仍然有越来越多的农民，种植业者和生产商通过开始网店去直接接触客户。例如，澳大利亚最大的农业网店之一是“Aussie Farmers Direct”。这家店始于2005年，刚开始的时候只有一个人一部运输车，仅能服务100名周边客户；但是现在它的业务已经发展到澳大利亚的六个州（全国行政区划为6个州和2个领地），每周向13万个家庭输送120万种农产品①。

网商7天24小时的销售模式使得用户不再受时间和距离的限制，可以选择在自己方便的任何时间去购物。为用户带来了极大的便利。正如Bangalow Chees乳制品制作商的负责人Justin Telfer所说，“距离不再是我们与奶酪爱好者之间的障碍。整个国家都是我们的市场。这种网络形式的销售，使得很多奶酪爱好者可以接触到很多以前接触不到的优质产品，可以从优秀的生产商那里直接订购②”。

澳大利亚一个特别显著的特点是其递送服务主要通过邮政系统和快递服务。澳大利亚邮政在这个领域扮演着重要的角色。其中一项服务是2012年推出的“farmhousedirect.com.au（Farmhouse Direct）”服务平台。目前已经有350家生产商使用这个平台销售季节性产品，以及更多的高附加值产品，例如果酱和油类。用户在这个平台上下单和支付，然后商家使用预付定制的澳大利亚邮政包装箱进行递送。

Farmhouse Direct是这样定调他们的在线销售服务平台的：“从茶叶，咖啡，就，肥皂，宠物食品 到新鲜水果蔬菜，面包，奶酪，果酱和巧克力，

① http://www.dailytelegraph.com.au/news/nsw/australian-farmers-turn-to-online-sales-to-ensure-survival/story-fni0cx12-1226708111071

② http://www.goodfood.com.au/good-food/food-news/from-farm-gate-to-front-door-20130330-2gzsw.html

这里就像我们每个人的周末农贸市场；但这里是7天24小时营业的市场。我们期待澳大利亚的生产者在这里建立自己的网店，销售高质量的食物农产品。我们不是仓库或中间商，客户可以完全掌控自己的商品，价格，并满足客户的订单需求[①]"。

它强调了一个重要的概念，即作为一个不断壮大的群体在线上销售"高品质的"食品。突出强调在线销售使得用户可以接触到高品质的商品以及更多的选择，而并非仅仅是廉价的商品。

用户通过网络从生产商那里直接订购商品，这也有助于消费者追踪到商品的原产地。越来越多的澳大利亚消费者希望知道自己吃的东西是从哪里来的[②]。Louise FitzRoy在2008年的时候建立了自己的网站"From Paddock to Plate"，她这么做的目的是为了帮助消费者获得更多食物来源的信息，以便选择更好的食物来源，学会如何健康饮食，并且理解农民工作的重要性，他们为我们生产健康的食品；这也是我们应该支持和重视他们的原因[③]。很多人持有这样的观点。Aussie Famers Direct的创始人兼CEO Jordan Muir表示"人们希望知道自己的食物从哪里来，他们希望支持澳大利亚的农业[④]"。

## 四、总　结

包括中国和澳大利亚在内的世界农业大国都清楚的认识到了当前农业生产和经济面临的巨大挑战。数字信息科技和电子商务是发展的必然道路，是满足日益发展的内部需要和应对国际竞争的首要发展战略。

---

① http://auspost.com.au/parcels-mail/online-farmers-market.html

② http://www.abc.net.au/news/2015-09-04/online-farmers-market-creating-seasonal-understanding/6749142

③ http://www.frompaddocktoplate.com.au/

④ http://www.dailytelegraph.com.au/news/nsw/australian-farmers-turn-to-online-sales-to-ensure-survival/story-fni0cx12-1226708111071

## （一）电子商务的发展要有科学务实的主导思想

农业电子商务是生产者和消费者之间的双赢模式，其作为一种经营模式，必将影响着千千万万个农村和城市家庭每天的日常生活。发展好农业信息技术和电子商务对农民生产生活是一个革命性的提升，对广大消费者也是有着各种直接和间接的好处，更可为农业产业的转型发展提供一个历史机遇。

电子商务的发展要有科学的主导思想，不应简单地把它视为一个低门槛的创造就业的方式；它的核心价值也不仅仅是为用户提供一种便捷的消费方式；更重要的是，它是消费者购买高品质优质商品的一个平台。在减少中间流通环节的同时，使得一些优质商品的制造者可以更直接和便捷地接触到终端市场。它甚至可以作为政府改变一些不良社会风气的辅助手段。靠品质推动社会进步！很多社会问题可以迎刃而解。

中国提出“互联网+”概念。这个“+”的概念，应该是以“优量”为核心的其他商品和服务。提高全民对质量的认识和重视，以此推动社会科学地和可持续地进步。

不能靠“便捷+廉价”来创造商机和就业；应该是“便捷+优质”。通过“质量与消费的良性循环”（图）推动科技与创新，进而创造更多更加升级的就业机会，从而推动社会进步。

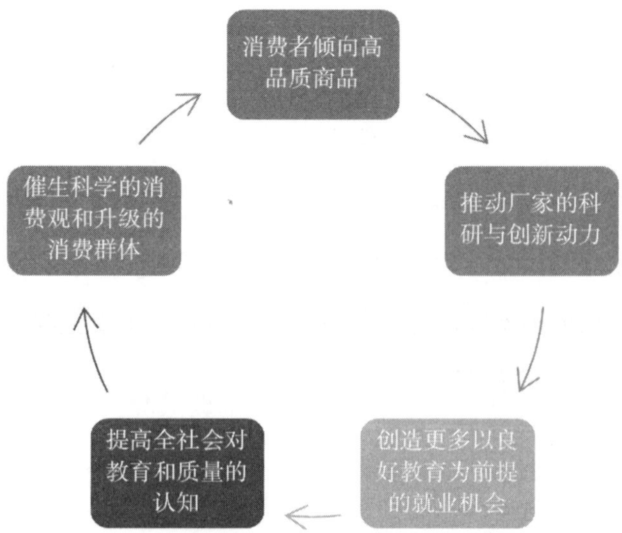


图　质量与消费的良性循环关系

在政府层面，对于所有电子商务而言，要帮助建立消费者信心，引导建立优胜劣汰机制，使得不良商品逐步退出电子商务舞台，确保消费者在网上购买到的都是高品质商品，确保网上的交易是安全的，可信赖的。

## （二）农业未来离不开国家层面主导的大数据精准农业

国家要主导发展农业信息化和农业电子商务，这样可以快速整合资源，避免不必要的重复性开发和浪费。统一的架构，统一的标准，也有利于数据和信息的共享，和整体信息技术的发展。这应该是一个国家战略，需要长期的持续的投入，国家规划和部署。国家发展大数据和电子商务是必然的趋势，不仅农业需要，经济、环保、城镇化、每个人的日常生活都将大大受益。失去这个契机的成本是巨大的，和国际发达国家农业生产效率的差距会持续拉大，从而导致农业产品受到国际市场的冲击和控制。

## （三）要有长远的农业科技观念

不能过分追求当前效应，而偏离了科学技术为人类服务的初衷。西方农业科技的发展过程中，产生了很多有争议的领域，这些都值得中国借鉴。农业化工不能仅仅追求“亩产万斤”，更要追求“万精”。随着生活水平的提高，人民希望获得更多更精美的食物来源；但这不能以牺牲土地，水源空气甚至物种自然繁衍为代价。化学种田、基因改良美国做的最早，受害也最严重。很多美国人来澳大利亚，说澳大利亚的牛肉有天然的香味。其实，除了牛肉，澳大利亚的其他农产品例如西红柿、三文鱼都是这样。澳大利亚联邦政府和州政府都有专门的机构[①]检查土壤、农作物、食品的化学含量。有机食品的化学含量检查尤为严格。

①例如，州一级的机构 Department of Primary Industries Food Authority；联邦政府一级的机构 Food Standards Australia New Zealand，Department of Health Food Regulation System

## （四）农业的发展仍然需要政府的保护和支持

以澳大利亚为例，自从昆士兰州在 2000 年开始实行农业政策立法改革后，取消了牛奶的最低收购价格以后，牛奶收购价格下降了 30%，很多农场倒闭，最终导致奶农场的数量从 2000 年的 1 500 家下降到 2015 年的 470 家。昆士兰州甚至需要从周边的新南威尔士州和维多利亚州进口牛奶[①]。

## （五）农业领域国际间的信息交流与合作势在必行

为了推动农业的发展，澳大利亚农业白皮书从国家层面确认建立专门机构专人[②]负责农业政策的实施。同时政府出面消除贸易壁垒，拓展国际市场也在国策之列。国家之间农业政策、科研、经营实务领域有很多可以学习和借鉴的地方。

例如，在惠农政策方面，澳大利亚在对农民的贷款、能源（汽油）的使用、税务的支持、水源的配给等领域都有很多经验可以借鉴。在粮食的储备技术方面，澳大利亚也非常先进，这些都值得学习。

国家间的有效交流将大大提高农业领域的综合效率和竞争力，在 2015 年 12 月 20 日中澳自贸协议正式生效以后，这显得尤为重要。

① Dairy Organization Newsletter

②澳大利亚竞争与消费者委员会 The Australian Competition and Consumer Commission（ACCC）将设立农业专员具体推动和落实农业政策

# 附　录

附件一：

# 国务院关于大力发展电子商务加快培育经济新动力的意见

（国发〔2015〕24号）

各省、自治区、直辖市人民政府，国务院各部委、各直属机构：

近年来我国电子商务发展迅猛，不仅创造了新的消费需求，引发了新的投资热潮，开辟了就业增收新渠道，为大众创业、万众创新提供了新空间，而且电子商务正加速与制造业融合，推动服务业转型升级，催生新兴业态，成为提供公共产品、公共服务的新力量，成为经济发展新的原动力。与此同时，电子商务发展面临管理方式不适应、诚信体系不健全、市场秩序不规范等问题，亟需采取措施予以解决。当前，我国已进入全面建成小康社会的决定性阶段，为减少束缚电子商务发展的机制体制障碍，进一步发挥电子商务在培育经济新动力，打造“双引擎”、实现“双目标”等方面的重要作用，现提出以下意见：

## 一、指导思想、基本原则和主要目标

（一）指导思想。全面贯彻党的十八大和十八届二中、三中、四中全会精神，按照党中央、国务院决策部署，坚持依靠改革推动科学发展，主动适应和引领经济发展新常态，着力解决电子商务发展中的深层次矛盾和重大问题，大力推进政策创新、管理创新和服务创新，加快建立开放、规范、诚信、安全的电子商务发展环境，进一步激发电子商务创新动力、创造潜力、创业活力，加速推动经济结构战略性调整，实现经济提质增效升级。

（二）基本原则。一是积极推动。主动作为、支持发展。积极协调解决电子商务发展中的各种矛盾与问题。在政府资源开放、网络安全保障、投融资支持、基础设施和诚信体系建设等方面加大服务力度。推进电子商务企业税费合理化，减轻企业负担。进一步释放电子商务发展潜力，提升电子商务创新发展水平。二是逐步规范。简政放权、放管结合。法无禁止的市场主体即可为，法未授权的政府部门不能为，最大限度减少对电子商务市场的行政干预。在放宽市场准入的同时，要在发展中逐步规范市场秩序，营造公平竞争的创业发展环境，进一步激发社会创业活力，拓宽电子商务创新发展领域。三是加强引导。把握趋势、因势利导。加强对电子商务发展中前瞻性、苗头性、倾向性问题的研究，及时在商业模式创新、关键技术研发、国际市场开拓等方面加大对企业的支持引导力度，引领电子商务向打造“双引擎”、实现“双目标”发展，进一步增强企业的创新动力，加速电子商务创新发展步伐。

（三）主要目标。到2020年，统一开放、竞争有序、诚信守法、安全可靠的电子商务大市场基本建成。电子商务与其他产业深度融合，成为促进创业、稳定就业、改善民生服务的重要平台，对工业化、信息化、城镇化、农业现代化同步发展起到关键性作用。

## 二、营造宽松发展环境

（四）降低准入门槛。全面清理电子商务领域现有前置审批事项，无法律法规依据的一律取消，严禁违法设定行政许可、增加行政许可条件和程序。（国务院审改办，有关部门按职责分工分别负责）进一步简化注册资本登记，深入推进电子商务领域由“先证后照”改为“先照后证”改革。（工商总局、中央编办）落实《注册资本登记制度改革方案》，放宽电子商务市场主体住所（经营场所）登记条件，完善相关管理措施。（省级人民政府）

推进对快递企业设立非法人快递末端网点实施备案制管理。（邮政局）简化境内电子商务企业海外上市审批流程，鼓励电子商务领域的跨境人民币直接投资。（发展改革委、商务部、外汇局、证监会、人民银行）放开外商投资电子商务业务的外方持股比例限制。（工业和信息化部、发展改革委、商务部）探索建立能源、铁路、公共事业等行业电子商务服务的市场化机制。（有关部门按职责分工分别负责）

（五）合理降税减负。从事电子商务活动的企业，经认定为高新技术企业的，依法享受高新技术企业相关优惠政策，小微企业依法享受税收优惠政策。（科技部、财政部、税务总局）加快推进“营改增”，逐步将旅游电子商务、生活服务类电子商务等相关行业纳入“营改增”范围。（财政部、税务总局）

（六）加大金融服务支持。建立健全适应电子商务发展的多元化、多渠道投融资机制。（有关部门按职责分工分别负责）研究鼓励符合条件的互联网企业在境内上市等相关政策。（证监会）支持商业银行、担保存货管理机构及电子商务企业开展无形资产、动产质押等多种形式的融资服务。鼓励商业银行、商业保理机构、电子商务企业开展供应链金融、商业保理服务，进一步拓展电子商务企业融资渠道。（人民银行、商务部）引导和推动创业投资基金，加大对电子商务初创企业的支持。（发展改革委）

（七）维护公平竞争。规范电子商务市场竞争行为，促进建立开放、公平、健康的电子商务市场竞争秩序。研究制定电子商务产品质量监督管理办法，探索建立风险监测、网上抽查、源头追溯、属地查处的电子商务产品质量监督机制，完善部门间、区域间监管信息共享和职能衔接机制。依法打击网络虚假宣传、生产销售假冒伪劣产品、违反国家出口管制法规政策跨境销售两用品和技术、不正当竞争等违法行为，组织开展电子商务产品质量提升行动，促进合法、诚信经营。（工商总局、质检总局、公安部、商务部按职责分工分别负责）重点查处达成垄断协议和滥用市场支配地位的问题，通过经营者集中反垄断审查，防止排除、限制市场竞争的行为。（发展改革委、工商总局、商务部）加强电子商务领域知识产权保护，研究进一步加大网络商业方法领域发明专利保护力度。（工业和信息化部、商务部、海关总署、工商总局、新闻出版广电总局、知识产权局等部门按职责分工分别负责）进一步加大政府利用电子商务平台进行采购的力度。（财政部）各级政府部门不得通过行政命令指定为电子商务提供公共服务的供应商，不得滥用行政权力排除、限制电子商务的竞争。（有关部门按职责分工分别负责）

## 三、促进就业创业

（八）鼓励电子商务领域就业创业。把发展电子商务促进就业纳入各地就业发展规划和电子商务发展整体规划。建立电子商务就业和社会保障指标统计制度。经工商登记注册的网络商户从业人员，同等享受各项就业创业扶持政策。未进行工商登记注册的网络商户从业人员，可认定为灵活就业人员，享受灵活就业人员扶持政策，其中在网络平台实名注册、稳定经营且信誉良好的网络商户创业者，可按规定享受小额担保贷款及贴息政策。支持中小微企业应用电子商务、拓展业务领域，鼓励有条件的地区建设电子商务创业园区，指导各类创业孵化基地为电子商务创业人员提供场地支持和创业孵化服务。加强电子商务企业用工服务，完善电子商务人才供求信息对接机制。（人力资源社会保障部、工业和信息化部、商务部、统计局，地方各级人民政府）

（九）加强人才培养培训。支持学校、企业及社会组织合作办学，探索实训式电子商务人才培养与培训机制。推进国家电子商务专业技术人才知识更新工程，指导各类培训机构增加电子商务技能培训项目，支持电子商务企业开展岗前培训、技能提升培训和高技能人才培训，加快培养电子商务领域的高素质专门人才和技术技能人才。参加职业培训和职业技能鉴定的人员，以及组织职工培训的电子商务企业，可按规定享受职业培训补贴和职业技能鉴定补贴政策。鼓励有条件的职业院校、社会培训机构和电子商务企业开展网络创业培训。（人力资源社会保障部、商务部、教育部、财政部）

（十）保障从业人员劳动权益。规范电子商务企业特别是网络商户劳动用工，经工商登记注册取得营业执照的，应与招用的劳动者依法签订劳动合同；未进行工商登记注册的，也可参照劳动合同法相关规定与劳动者签订民事协议，明确双方的权利、责任和义务。按规定将网络从业人员纳入各项社会保险，对未进行工商登记注册的网络商户，其从业人员可按灵活就业人员参保缴费办法参加社会保险。符合条件的就业困难人员和高校毕业生，可享受灵活就业人员社会保险补贴政策。长期雇用 5 人及以上的网络商户，可在工商注册地进行社会保险登记，参加企业职工的各项社会保险。满足统筹地区社会保险优惠政策条件的网络商户，可享受社会保险优惠政策。（人力资源社会保障部）

## 四、推动转型升级

（十一）创新服务民生方式。积极拓展信息消费新渠道，创新移动电子商务应用，支持面向城乡居民社区提供日常消费、家政服务、远程缴费、健康医疗等商业和综合服务的电子商务平台发展。加快推动传统媒体与新兴媒体深度融合，提升文化企业网络服务能力，支持文化产品电子商务平台发展，规范网络文化市场。支持教育、会展、咨询、广告、餐饮、娱乐等服务企业深化电子商务应用。（有关部门按职责分工分别负责）鼓励支持旅游景点、酒店等开展线上营销，规范发展在线旅游预订市场，推动旅游在线服务模式创新。（旅游局、工商总局）加快建立全国 12315 互联网平台，完善网上交易在线投诉及售后维权机制，研究制定 7 天无理由退货实施细则，促进

网络购物消费健康快速发展。（工商总局）

（十二）推动传统商贸流通企业发展电子商务。鼓励有条件的大型零售企业开办网上商城，积极利用移动互联网、地理位置服务、大数据等信息技术提升流通效率和服务质量。支持中小零售企业与电子商务平台优势互补，加强服务资源整合，促进线上交易与线下交易融合互动。（商务部）推动各类专业市场建设网上市场，通过线上线下融合，加速向网络化市场转型，研究完善能源、化工、钢铁、林业等行业电子商务平台规范发展的相关措施。（有关部门按职责分工分别负责）制定完善互联网食品药品经营监督管理办法，规范食品、保健食品、药品、化妆品、医疗器械网络经营行为，加强互联网食品药品市场监测监管体系建设，推动医药电子商务发展。（食品药品监管总局、卫生计生委、商务部）

（十三）积极发展农村电子商务。加强互联网与农业农村融合发展，引入产业链、价值链、供应链等现代管理理念和方式，研究制定促进农村电子商务发展的意见，出台支持政策措施。（商务部、农业部）加强鲜活农产品标准体系、动植物检疫体系、安全追溯体系、质量保障与安全监管体系建设，大力发展农产品冷链基础设施。（质检总局、发展改革委、商务部、农业部、食品药品监管总局）开展电子商务进农村综合示范，推动信息进村入户，利用“万村千乡”市场网络改善农村地区电子商务服务环境。（商务部、农业部）建设地理标志产品技术标准体系和产品质量保证体系，支持利用电子商务平台宣传和销售地理标志产品，鼓励电子商务平台服务“一村一品”，促进品牌农产品走出去。鼓励农业生产资料企业发展电子商务。（农业部、质检总局、工商总局）支持林业电子商务发展，逐步建立林产品交易诚信体系、林产品和林权交易服务体系。（林业局）

（十四）创新工业生产组织方式。支持生产制造企业深化物联网、云计算、大数据、三维（3D）设计及打印等信息技术在生产制造各环节的应用，建立与客户电子商务系统对接的网络制造管理系统，提高加工订单的响应速度及柔性制造能力；面向网络消费者个性化需求，建立网络化经营管理模式，发展“以销定产”及“个性化定制”生产方式。（工业和信息化部、科技部、商务部）鼓励电子商务企业大力开展品牌经营，优化配置研发、设计、生产、物流等优势资源，满足网络消费者需求。（商务部、工商总局、质检总局）鼓励创意服务，探索建立生产性创新服务平台，面向初创企业及创意群体提供设计、测试、生产、融资、运营等创新创业服务。（工业和信息化部、科技部）

（十五）推广金融服务新工具。建设完善移动金融安全可信公共服务平台，制定相关应用服务的政策措施，推动金融机构、电信运营商、银行卡清算机构、支付机构、电子商务企业等加强合作，实现移动金融在电子商务领域的规模化应用；推广应用具有硬件数字证书、采用国家密码行政主管部门规定算法的移动智能终端，保障移动电子商务交易的安全性和真实性；制定在线支付标准规范和制度，提升电子商务在线支付的安全性，满足电子商务交易及公共服务领域金融服务需求；鼓励商业银行与电子商务企业开展多元化金融服务合作，提升电子商务服务质量和效率。（人民银行、密码局、国家标准委）

（十六）规范网络化金融服务新产品。鼓励证券、保险、公募基金等企业和机构依法进行网络化创新，完善互联网保险产品审核和信息披露制度，探索建立适应互联网证券、保险、公募基金产品销售等互联网金融活动的新型监管方式。（人民银行、证监会、保监会）规范保险业电子商务平台建设，研究制定电子商务涉及的信用保证保险的相关扶持政策，鼓励发展小微企业信贷信用保险、个人消费履约保证保险等新业务，扩大信用保险保单融资范围。完善在线旅游服务企业投保办法。（保监会、银监会、旅游局按职责分工分别负责）

## 五、完善物流基础设施

（十七）支持物流配送终端及智慧物流平台建设。推动跨地区跨行业的智慧物流信息平台建设，鼓励在法律规定范围内发展共同配送等物流配送组织新模式。（交通运输部、商务部、邮政局、发展改革委）支持物流（快递）配送站、智能快件箱等物流设施建设，鼓励社区物业、村级信息服务站（点）、便利店等提供快件派送服务。支持快递服务网络向农村地区延伸。（地方各级人民政府，商务部、邮政局、农业部按职责分工分别负责）推进电子商务与物流快递协同发展。（财政部、商务部、邮政局）鼓励学校、快递企业、第三方主体因地制宜加强合作，通过设置智能快件箱或快件收发室、委托校园邮政局所代为投递、建立共同配送站点等方式，促进快递进校园。（地方各级人民政府，邮政局、商务部、教育部）根据执法需求，研究推动被监管人员生活物资电子商务和智能配送。（司法部）有条件的城市应将配套建设物流（快递）配送站、智能终端设施纳入城市社区发展规划，鼓励电子商务企业和物流（快递）企业对网络购物商品包装物进行回收和循环利用。（有关部门按职责分工分别负责）

（十八）规范物流配送车辆管理。各地区要按照有关规定，推动城市配送车辆的标准化、专业化发展；制定并实施城市配送用汽车、电动三轮车等车辆管理办法，强化城市配送运力需求管理，保障配送车辆的便利通行；鼓励采用清洁能源车辆开展物流（快递）配送业务，支持充电、加气等设施建设；合理规划物流（快递）配送车辆通行路线和货物装卸搬运地点。对物流（快递）配送车辆采取通行证管理的城市，应明确管理部门、公开准入条件、引入社会监督。（地方各级人民政府）

（十九）合理布局物流仓储设施。完善仓储建设标准体系，鼓励现代化仓储设施建设，加强偏远地区仓储设施建设。（住房城乡建设部、公安部、发展改革委、商务部、林业局）各地区要在城乡规划中合理规划布局物流仓储用地，在土地利用总体规划和年度供地计划中合理安排仓储建设用地，引导社会资本进行仓储设施投资建设或再利用，严禁擅自改变物流仓储用地性质。（地方各级人民政府）鼓励物流（快递）企业发展“仓配一体化”服务。（商务部、邮政局）

## 六、提升对外开放水平

（二十）加强电子商务国际合作。积极发起或参与多双边或区域关于电子商务规则的谈判和交流合作，研究建立我国与国际认可组织的互认机制，依托我国认证认可制度和体系，完善电子商务企业和商品的合格评定机制，提升国际组织和机构对我国电子商务企业和商品认证结果的认可程度，力争国际电子商务规制制定的主动权和跨境电子商务发展的话语权。（商务部、质检总局）

（二十一）提升跨境电子商务通关效率。积极推进跨境电子商务通关、检验检疫、结汇、缴进口税等关键环节“单一窗口”综合服务体系建设，简化与完善跨境电子商务货物返修与退运通关流程，提高通关效率。（海关总署、财政部、税务总局、质检总局、外汇局）探索建立跨境电子商务货物负面清单、风险监测制度，完善跨境电子商务货物通关与检验检疫监管模式，建立跨境电子商务及相关物流企业诚信分类管理制度，防止疫病疫情传入、外来有害生物入侵和物种资源流失。（海关总署、质检总局按职责分工分别负责）大力支持中国（杭州）跨境电子商务综合试验区先行先试，尽快形成可复制、可推广的经验，加快在全国范围推广。（商务部、发展改革委）

（二十二）推动电子商务走出去。抓紧研究制定促进跨境电子商务发展的指导意见。（商务部、发展改革委、海关总署、工业和信息化部、财政部、人民银行、税务总局、工商总局、质检总局、外汇局）鼓励国家政策性银行在业务范围内加大对电子商务企业境外投资并购的贷款支持，研究制定针对电子商务企业境外上市的规范管理政策。（人民银行、证监会、商务部、发展改革委、工业和信息化部）简化电子商务企业境外直接投资外汇登记手续，拓宽其境外直接投资外汇登记及变更登记业务办理渠道。（外汇局）支持电子商务企业建立海外营销渠道，创立自有品牌。各驻外机构应加大对电子商务企业走出去的服务力度。进一步开放面向港澳台地区的电子商务市场，推动设立海峡两岸电子商务经济合作实验区。鼓励发展面向“一带一路”沿线国家的电子商务合作，扩大跨境电子商务综合试点，建立政府、企业、专家等各个层面的对话机制，发起和主导电子商务多边合作。（有关部门按职责分工分别负责）

## 七、构筑安全保障防线

（二十三）保障电子商务网络安全。电子商务企业要按照国家信息安全等级保护管理规范和技术标准相关要求，采用安全可控的信息设备和网络安全产品，建设完善网络安全防护体系、数据资源安全管理体系和网络安全应急处置体系，鼓励电子商务企业获得信息安全管理体系认证，提高自身信息安全管理水平。鼓励电子商务企业加强与网络安全专业服务机构、相关管理部门的合作，共享网络安全威胁预警信息，消除网络安全隐患，共同防范网络攻击破坏、窃取公民个人信息等违法犯罪活动。（公安部、国家认监委、工业和信息化部、密码局）

（二十四）确保电子商务交易安全。研究制定电子商务交易安全管理制度，明确电子商务交易各方的安全责任和义务。（工商总局、工业和信息化部、公安部）建立电子认证信任体系，促进电子认证机构数字证书交叉互认和数字证书应用的互联互通，推广数字证书在电子商务交易领域的应用。建立电子合同等电子交易凭证的规范管理机制，确保网络交易各方的合法权益。加强电子商务交易各方信息保护，保障电子商务消费者个人信息安全。（工业和信息化部、工商总局、密码局等有关部门按职责分工分别负责）

（二十五）预防和打击电子商务领域违法犯罪。电子商务企业要切实履行违禁品信息巡查清理、交易记录及日志留存、违法犯罪线索报告等责任和义务，加强对销售管制商品网络商户的资格审查和对异常交易、非法交易的监控，防范电子商务在线支付给违法犯罪活动提供洗钱等便利，并为打击网络违法犯罪提供技术支持。加强电子商务企业与相关管理部门的协作配合，建立跨机构合作机制，加大对制售假冒伪劣商品、网络盗窃、网络诈骗、网上非法交易等违法犯罪活动的打击力度。（公安部、工商总局、人民银行、银监会、工业和信息化部、商务部等有关部门按职责分工分别负责）

## 八、健全支撑体系

（二十六）健全法规标准体系。加快推进电子商务法立法进程，研究制定或适时修订相关法规，明确电子票据、电子合同、电子检验检疫报告和证书、各类电子交易凭证等的法律效力，作为处理相关业务的合法凭证。（有关部门按职责分工分别负责）制定适合电子商务特点的投诉管理制度，制定基于统一产品编码的电子商务交易产品质量信息发布规范，建立电子商务纠纷解决和产品质量担保责任机制。（工商总局、质检总局等部门按职责分工分别负责）逐步推行电子发票和电子会计档案，完善相关技术标准和规章制度。（税务总局、财政部、档案局、国家标准委）建立完善电子商务统计制度，扩大电子商务统计的覆盖面，增强统计的及时性、真实性。（统计局、商务部）统一线上线下的商品编码标识，完善电子商务标准规范体系，研究电子商务基础性关键标准，积极主导和参与制定电子商务国际标准。（国家标准委、商务部）

（二十七）加强信用体系建设。建立健全电子商务信用信息管理制度，推动电子商务企业信用信息公开。推进人口、法人、商标和产品质量等信息资源向电子商务企业和信用服务机构开放，逐步降低查询及利用成本。（工商总局、商务部、公安部、质检总局等部门按职责分工分别负责）促进电子商务信用信息与社会其他领域相关信息的交换共享，推动电子商务信用评价，建立健全电子商务领域失信行为联合惩戒机制。（发展改革委、人民银行、工商总局、质检总局、商务部）推动电子商务领域应用网络身份证，完善网店实名制，鼓励发展社会化的电子商务网站可信认证服务。（公安部、工商总局、质检总局）发展电子商务可信交易保障公共服务，完善电子商务信用服务保障制度，推动信用调查、信用评估、信用担保等第三方信用服务和产品在电子商务中的推广应用。（工商总局、质检总局）

（二十八）强化科技与教育支撑。开展电子商务基础理论、发展规律研究。加强电子商务领域云计算、大数据、物联网、智能交易等核心关键技术研究开发。实施网络定制服务、网络平台服务、网络交易服务、网络贸易服务、网络交易保障服务技术研发与应用示范工程。强化产学研结合的企业技术中心、工程技术中心、重点实验室建设。鼓励企业组建产学研协同创新联盟。探索建立电子商务学科体系，引导高等院校加强电子商务学科建设和人才培养，为电子商务发展提供更多的高层次复合型专门人才。（科技部、教育部、发展改革委、商务部）建立预防网络诈骗、保障交易安全、保护个人信息等相关知识的宣传与服务机制。（公安部、工商总局、质检总局）

（二十九）协调推动区域电子商务发展。各地区要把电子商务列入经济与社会发展规划，按照国家有关区域发展规划和对外经贸合作战略，立足城市产业发展特点和优势，引导各类电子商务业态和功能聚集，推动电子商务产业统筹协调、错位发展。推动国家电子商务示范城市、示范基地建设。（有关地方人民政府）依托国家电子商务示范城市，加快开展电子商务法规政策创新和试点示范工作，为国家制定电子商务相关法规和政策提供实践依据。

加强对中西部和东北地区电子商务示范城市的支持与指导。（发展改革委、财政部、商务部、人民银行、海关总署、税务总局、工商总局、质检总局等部门按照职责分工分别负责）

各地区、各部门要认真落实本意见提出的各项任务，于2015年底前研究出台具体政策。发展改革委、中央网信办、商务部、工业和信息化部、财政部、人力资源社会保障部、人民银行、海关总署、税务总局、工商总局、质检总局等部门要完善电子商务跨部门协调工作机制，研究重大问题，加强指导和服务。有关社会机构要充分发挥自身监督作用，推动行业自律和服务创新。相关部门、社团组织及企业要解放思想，转变观念，密切协作，开拓创新，共同推动建立规范有序、社会共治、辐射全球的电子商务大市场，促进经济平稳健康发展。

国务院

2015年5月4日

附件二：

# 国务院办公厅关于促进农村电子商务加快发展的指导意见

（国办发〔2015〕78号）

各省、自治区、直辖市人民政府，国务院各部委、各直属机构：

农村电子商务是转变农业发展方式的重要手段，是精准扶贫的重要载体。通过大众创业、万众创新，发挥市场机制作用，加快农村电子商务发展，把实体店与电商有机结合，使实体经济与互联网产生叠加效应，有利于促消费、扩内需，推动农业升级、农村发展、农民增收。经国务院批准，现就促进农村电子商务加快发展提出以下意见：

## 一、指导思想

全面贯彻党的十八大和十八届三中、四中、五中全会精神，落实国务院决策部署，按照全面建成小康社会目标和新型工业化、信息化、城镇化、农业现代化同步发展的要求，深化农村流通体制改革，创新农村商业模式，培育和壮大农村电子商务市场主体，加强基础设施建设，完善政策环境，加快发展线上线下融合、覆盖全程、综合配套、安全高效、便捷实惠的现代农村商品流通和服务网络。

## 二、发展目标

到2020年，初步建成统一开放、竞争有序、诚信守法、安全可靠、绿色环保的农村电子商务市场体系，农村电子商务与农村一二三产业深度融合，在推动农民创业就业、开拓农村消费市场、带动农村扶贫开发等方面取得明显成效。

## 三、重点任务

（一）积极培育农村电子商务市场主体。充分发挥现有市场资源和第三方平台作用，培育多元化农村电子商务市场主体，鼓励电商、物流、商贸、金融、供销、邮政、快递等各类社会资源加强合作，构建农村购物网络平台，实现优势资源的对接与整合，参与农村电子商务发展。

（二）扩大电子商务在农业农村的应用。在农业生产、加工、流通等环节，加强互联网技术应用和推广。拓宽农产品、民俗产品、乡村旅游等市场，在促进工业品、农业生产资料下乡的同时，为农产品进城拓展更大空间。加强运用电子商务大数据引导农业生产，促进农业发展方式转变。

（三）改善农村电子商务发展环境。硬环境方面，加强农村流通基础设施建设，提高农村宽带普及率，加强农村公路建设，提高农村物流配送能力；软环境方面，加强政策扶持，加强人才培养，营造良好市场环境。

## 四、政策措施

（一）加强政策扶持。深入开展电子商务进农村综合示范，优先在革命老区和贫困地区实施，有关财政支持资金不得用于网络交易平台的建设。制订出台农村电子商务服务规范和工作指引，指导地方开展工作。加快推进信息进村入户工作。加快推进适应电子商务的农产品分等分级、包装运输标准制定和应用。把电子商务纳入扶贫开发工作体系，以建档立卡贫困村为工作重点，提升贫困户运用电子商务创业增收的能力，鼓励引导电商企业开辟革命老区和贫困地区特色农产品网上销售平台，与合作社、种养大户等建立直采直供关系，增加就业和增收渠道。

（二）鼓励和支持开拓创新。鼓励地方、企业等因地制宜，积极探索农村电子商务新模式。开展农村电子商务创新创业大赛，调动返乡高校毕业生、返乡青年和农民工、大学生村官、农村青年、巾帼致富带头人、退伍军人等参与农村电子商务的积极性。开展农村电子商务强县创建活动，发挥其带动和引领作用。鼓励供销合作社创建农产品电子商务交易平台。引导各类媒体加大农村电子商务宣传力度，发掘典型案例，推广成功经验。

（三）大力培养农村电商人才。实施农村电子商务百万英才计划，对农民、合作社和政府人员等进行技能培训，增强农民使用智能手机的能力，积极利用移动互联网拓宽电子商务渠道，提升为农民提供信息服务的能力。有条件的地区可以建立专业的电子商务人才培训基地和师资队伍，努力培养一批既懂理论又懂业务、会经营网店、能带头致富的复合型人才。引导具有实践经验的电子商务从业者从城镇返乡创业，鼓励电子商务职业经理人到农村发展。

（四）加快完善农村物流体系。加强交通运输、商贸流通、农业、供销、邮政等部门和单位及电商、快递企业对相关农村物流服务网络和设施的共享衔接，加快完善县乡村农村物流体系，鼓励多站合一、服务同网。鼓励传统农村商贸企业建设乡镇商贸中心和配送中心，发挥好邮政普遍服务的优势，发展第三方配送和共同配送，重点支持老少边穷地区物流设施建设，提高流通效率。加强农产品产地集配和冷链等设施建设。

（五）加强农村基础设施建设。完善电信普遍服务补偿机制，加快农村信息基础设施建设和宽带普及。促进宽带网络提速降费，结合农村电子商务发展，持续提高农村宽带普及率。以建制村通硬化路为重点加快农村公路建设，推进城乡客运一体化，推动有条件的地区实施农村客运线路公交化改造。

（六）加大金融支持力度。鼓励村级电子商务服务点、助农取款服务点相互依托建设，实现优势互补、资源整合，提高利用效率。支持银行业金融机构和支付机构研发适合农村特点的网上支付、手机支付、供应链贷款等金融产品，加强风险控制，保障客户信息和资金安全。加大对电子商务创业农民尤其是青年农民的授信和贷款支持。简化农村网商小额短期贷款手续。符合条件的农村网商，可按规定享受创业担保贷款及贴息政策。

（七）营造规范有序的市场环境。加强网络市场监管，强化安全和质量要求，打击制售假冒伪劣商品、虚假宣传、不正当竞争和侵犯知识产权等违法行为，维护消费者合法权益，促进守法诚信经营。督促第三方平台加强内部管理，规范主体准入，遏制“刷信用”等欺诈行为。维护公平竞争的市场秩序，推进农村电子商务诚信建设。

## 五、组织实施

各地区、各部门要进一步提高认识，加强组织领导和统筹协调，落实工作责任，完善工作机制，切实抓好各项政策措施的落实。

地方各级人民政府特别是县级人民政府要结合本地实际，因地制宜制订实施方案，出台具体措施；充分发挥农村基层组织的带头作用，整合农村各类资源，积极推动农村电子商务发展。同时，加强规划引导，防止盲目发展和低水平竞争。

各部门要明确分工，密切协作，形成合力。商务部要会同有关部门加强统筹协调、跟踪督查，及时总结和推广经验，确保各项任务措施落实到位。

国务院办公厅

2015 年 10 月 31 日

附件三：

# 农业部　国家发展和改革委员会　商务部关于印发《推进农业电子商务发展行动计划》的通知

（农市发〔2015〕3号）

各省、自治区、直辖市、计划单列市、新疆生产建设兵团农业（农牧、农村经济）厅（委、局、办）、发展改革委、商务主管部门：

按照《国务院关于大力发展电子商务加快培育经济新动力的意见》（国发〔2015〕24号）和《国务院关于积极推进“互联网+”行动的指导意见》（国发〔2015〕40号）的部署要求，发挥电子商务在培育经济新动力、打造“双引擎”、实现“双目标”方面的重要作用，扎实推进农业电子商务快速健康发展，农业部、国家发展和改革委员会、商务部共同研究制定了《推进农业电子商务发展行动计划》，提出了发展农业电子商务的指导思想、基本原则、总体目标，并明确了5方面重点任务和20项行动计划。现印发你们，请认真贯彻落实。

农业部　国家发展和改革委员会　商务部

2015年9月6日

附件：

推进农业电子商务发展行动计划

# 推进农业电子商务发展行动计划

当前，农业电子商务发展迅猛，正在深刻改变着传统农产品流通方式，成为加快转变农业发展方式、完善农产品市场机制、推动农业农村信息化发展的新动力，对发展现代农业、繁荣农村经济、改善城乡居民生活的作用日益凸显。与此同时，我国农业电子商务发展仍处在初级阶段，面临着基础设施条件差、标准化程度低、流通链条不完整、市场秩序不规范、诚信体系不健全、配套政策不完善等困难和问题，亟需提高认识，采取有效措施切实加以解决。为认真贯彻落实 2015 年中央 1 号文件、十二届全国人大三次会议和《国务院关于大力发展电子商务加快培育经济新动力的意见》（国发〔2015〕24 号）、《国务院关于积极推进“互联网 +”行动的指导意见》（国发〔2015〕40 号）的部署要求，发挥农业电子商务在培育经济新动力、打造“双引擎”、实现“双目标”方面的重要作用，积极实施“互联网 +”现代农业行动，扎实推进农业电子商务快速健康发展，努力把农业电子商务打造成为大众创业、万众创新的平台，提出以下行动计划。

## 一、深刻认识推进农业电子商务发展的重大意义

（一）推进农业电子商务发展是完善农产品市场机制的重要举措。党的十八届三中全会指出要使市场在资源配置中起决定性作用。实践证明，电子商务可以为传统农产品产销注入信息化元素，以信息流带动物流、技术流、人才流、资金流，实时反映供求状况，解决市场信息不对称问题，提升农产品生产者话语权，拓展新渠道、新客源和新市场；能够有效促进产销衔接，降低流通成本，同时有利于稳定市场预期、减缓价格波动，是建立健全现代农产品流通体系的必然要求。迫切需要通过加快发展农业电子商务，有效引

导市场主体广泛参与，促进资源要素合理有序流动，消除妨碍公平竞争的制约因素，推动全国农产品统一市场的进一步完善，更好地发挥市场配置资源的决定性作用。

（二）推进农业电子商务发展是促进现代农业发展的重要途径。发展现代农业的基础和前提是市场化，农业电子商务是农业市场化的重要组成部分，是现代服务业的重要内容。推进农业电子商务，将产业链、价值链、供应链等现代经营管理理念融入农业，可以促进现代信息技术与传统农业全面深度融合，推动农业生产由以产品为中心转变为以市场为导向、以消费者为中心，倒逼农业生产标准化、品牌化，优化农业生产布局和品种结构，发展高产、优质、高效、生态、安全农业，实现农业发展方式根本性转变，提高农业产业素质和国际竞争力，为新型工业化、信息化、城镇化和农业现代化同步发展拓展新的空间、增添新的动力。

（三）推进农业电子商务发展是扩大和提升消费需求的重要动力。在经济新常态下，扩大和提升消费需求对促进经济发展的关键作用日益凸显。促进电子商务创新发展，是实施“互联网 +”行动的重大举措，对主动适应经济发展新常态、打造经济社会发展新引擎、有效应对经济下行压力具有重要现实意义。推动农业电子商务发展是顺应消费方式、生活方式深刻变化的现实需要，可以满足不同消费群体的个性化、多样化、便捷性需求，能够突破购销的时空限制，进一步挖掘市场需求潜力，促进消费转型升级。同时，农业电子商务的发展，还可以创新流通方式，带动农业生产资料和消费品下乡，加快形成城乡产品和要素市场双向流动的新格局，激活农村消费市场活力，让农村居民分享信息经济发展的成果。

（四）推进农业电子商务发展是加快转变政府职能的客观要求。在充分发挥市场配置资源决定性作用的同时，要更好发挥政府作用，为市场主体创造良好发展环境，切实加强公共服务、市场监管、社会管理等职责。农业部门在继续抓好农业生产的同时，应更加重视搞活农产品流通，创新农业生产资料下乡渠道。农业电子商务作为农产品流通和农业生产资料销售的新业态，在发展的过程中出现了一些新情况新问题，需要政府部门转变观念、转变职能，切实把推进农业电子商务发展作为一项重要工作来抓，加强政策创设和规划制定，健全农产品和农业生产资料市场信息监测预警体系、标准体系、质量安全追溯体系、诚信体系和法律法规建设，强化市场监管和行政执法，努力营造安全可信、规范有序的农业电子商务发展环境。

## 二、指导思想、基本原则和总体目标

（五）指导思想。全面贯彻党的十八大和十八届三中、四中全会精神，以邓小平理论、“三个代表”重要思想、科学发展观为指导，深入贯彻习近平总书记系列重要讲话精神，按照中央 1 号文件的部署要求，紧紧围绕农业农村经济发展“两个千方百计，两个努力确保，两个持续提高”的目标任务，以改革创新为动力，以加快转变农业发展方式、有效提升消费需求为主线，强化顶层设计和政策引导，着力解决农业电子商务发展中的困难和问题，着力完善制度、机制和模式，着力营造开放、规范、诚信、安全的发展环境，为加快实现农业现代化和城乡发展一体化提供新的动力。

（六）基本原则。一是市场主体，政府引导。正确处理好市场与政府的关系，充分发挥市场主体作用，提高农业电子商务资源配置效率，同时加强政策、规划、信息指导，强化制度建设和市场监管，为农业电子商务发展创造良好环境。二是统筹兼顾，重点突破。注重农村与城市相结合、农产品与农业生产资料和消费品相结合、线上与线下相结合，分类别、分阶段、分区域拓展和推动农业电子商务应用。重点探索鲜活农产品与农业生产资料的电子商务模式，支持发展产地田头市场、城乡仓储、冷链物流、终端配送，突破发展瓶颈。三是创新驱动，示范引领。推动技术创新、管理创新、服务创新和制度创新，将移动互联网、云计算、大数据、物联网等新一代信息技术贯穿到农业电子商务的各领域各环节，切实增强自主创新能力。注重典型引路和示范带动，因地制宜探索发展适应当地实际的农业电子商务模式。四是规范有序，健康发展。在发展中求规范，以规范促发展。立足需求导向，坚持必要和可行的原则，明确方向和重点，采取先易后难、循序渐进的策略，找准切入点和突破口，有力有序推进，避免盲目跟风，保障农业电子商务快速健康持续发展。

（七）总体目标。到2018年，农业电子商务基础设施条件明显改善，制度体系和政策环境基本健全，培育出一批具有重要影响力的农业电子商务企业和品牌，电子商务在农产品和农业生产资料流通中的比重明显上升，对完善农产品和农业生产资料市场流通体系、提升消费需求、繁荣城乡经济的作用显著增强。

## 三、重点任务

（八）积极培育农业电子商务市场主体。围绕提升新型农业经营主体电子商务应用能力、支持农产品和农业生产资料网络营销、推进农业生产性服务线上交流与交易、壮大农业电子商务企业的发展目标，培育农业电子商务市场主体，推动形成各类市场主体竞相发展农业电子商务的新格局。

专项行动1——能力提升行动：积极参与国家电子商务专业技术人才知识更新工程，开展新型农业经营主体培训。充分利用新型职业农民教育、农村实用人才培训等项目，重点组织专业大户、家庭农场、农民合作社等新型农业经营主体和农业企业负责人，联合有关教育培训机构、电子商务企业，开展电子商务平台使用、农产品和农业生产资料网上经营策略和技巧培训，有计划培养一批有理论和实践能力的农业电子商务人才，切实提高新型农业经营主体电子商务应用能力。

专项行动 2——平台对接行动：充分发挥农业、商务部门牵线搭桥的作用，积极组织、引导电商企业，加强农业电子商务业务建设。依托各类会展平台和论坛，组织专业大户、家庭农场、农民合作社等新型农业经营主体、农产品经销商、国有农场和农业企业等，开展形式多样的交流活动，对接各类涉农电子商务平台和电子商务信息公共服务平台，有效衔接产需信息，促进农产品和农业生产资料实现网上销售。

专项行动 3——电商拓展行动：加强政策和信息引导，鼓励综合型电子商务企业拓展农业电子商务业务，扶持垂直型农业电子商务企业发展壮大，推动电子商务企业适当降低农业电子商务门槛，引导有条件的传统农产品流通企业和农业生产资料生产经销企业发展电子商务。

（九）着力完善农业电子商务线上线下公共服务体系。探索农产品和农业生产资料线上与线下协同发展模式，完善农产品监测预警、质量标准和追溯体系，推动农业电子商务相关数据信息开放共享，实现农业全产业链数据互联互通，完善农业电子商务线上线下公共服务体系，为农业电子商务提供公共服务支撑。

专项行动 4——网络集货行动：构建农产品网络集货平台，依托农产品产地市场，完善电子商务平台集货对接功能，引导在集货过程中实现标准化、规模化，提高重复性购买产品的一致性。

专项行动 5——产品推介行动：完善农产品展示推介平台，在继续做好农产品营销促销工作的同时，集中打造网上展示大厅，推动“名特优新”“三品一标”“一村一品”农产品上网营销，加强宣传推介，提高农产品网络销售的公信力、信誉度和美誉度。

专项行动 6——信息共享行动：健全农产品市场信息监测预警体系，强化农产品产销动态监测统计，拓展信息获取渠道，加强农产品市场信息预警分析，及时全面准确发布农产品生产、消费、贸易、库存、成本收益、价格及未来趋势等市场信息，加大农产品质量安全信息发布公开力度，推动涉农数据信息开放共享。

专项行动 7——质量监管行动：完善农产品质量标准和质量安全追溯体系，加快农产品质量、包装标准制修订进程，健全“名特优新”“三品一标”“一村一品”等电子商务基础数据库，健全国家农产品质量安全追溯管理信息系统，推进农药、兽药、肥料等农业投入品追溯系统建设，探索与涉农电子商务企业建立数据共享机制，实现质量可追溯、责任可追查。

专项行动 8——运行保障行动：建立农业生产经营全产业链电子商务公共服务平台，在各行业各领域大力推进电子商务发展基础上，实现种植、畜牧、水产以及种子、化肥、农药、兽药、饲料、农机等电子商务信息共享和互联互通，为农业电子商务协同快速发展提供公共服务。健全诚信体系，整合银行、税务、工商、质检、商务等领域和电子商务相关主体的信用信息，推行信用档案制度，净化市场环境，提高农业电子商务信任度。

（十）大力疏通农业电子商务渠道。加强与相关部门的沟通协调、形成合力，加快推动网络、物流、冷链、仓储等基础设施建设，鼓励相关经营主体开展技术、机制、模式创新，深入推进信息进村入户，开展电子商务进农村综合示范，为全面发展农业电子商务创造良好条件、提供经验。

专项行动 9——渠道延伸行动：深入推进信息进村入户试点，加强部省 12316 三农综合信息服务体系建设，加快村级信息服务站建设，支持开展电子商务业务，为农民提供信息咨询、代卖代购等服务。加快完善农村物流体系布局，实施快递“向西”“向下”工程，推动农村综合服务社、超市、邮政“三农”服务站、村邮站、快递网点等基层农村物流节点建设，鼓励物流快递企业向乡、村延伸业务。

专项行动 10——市场转型行动：指导支持农产品电子商务企业有效衔接农产品品种、产量、产地、收获时期等生产者信息，促进农产品网络销售。鼓励产地和销地农产品批发市场开展信息技术、经营方式、服务模式等创新，充分发挥线上与线下相结合的优势，推动批发市场创新发展农产品电子商务。促进农产品批发市场流通基础设施、质量检测设备、产品流通渠道等应用于农产品电子商务。

专项行动 11——模式创新行动：推动电子商务企业、国有农场、农民合作社与城市社区开展合作，共同设立农产品体验店、自提点和提货柜，试点“基地 + 城市社区”的鲜活农产品直配模式。推动销地批发市场发挥优势，支撑电子商务发展，探索满足城市日常消费的“批发市场 + 宅配”模式。鼓励种子、农药、化肥等农业生产资料企业，依托各地村级信息服务站探索“放心农资进农家”模式。配合相关部门支持电子商务企业建立海外营销渠道，创立自有品牌，推动跨境农业电子商务发展。

专项行动 12——基础支撑行动：加快农村宽带基础设施建设，扩大第四代移动通信网络在农村的覆盖面。支持农业生产基地加强规模化、标准化、智能化和质量追溯能力建设。鼓励有条件的地方建设农业电子商务产业基地、物流园、创业园。支持电子商务市场主体在农村和城市建设仓储、冷链、分级包装、智能配货等设施设备，改善农业电子商务发展的基础条件。

（十一）切实加大农业电子商务技术创新应用力度。按照“需求牵引、重点跨越、支撑发展、引领未来”的原则，开展农业电子商务发展战略研究，突破核心关键技术，制定完善相关标准、法规，大力推广先进实用信息化技术在流通等领域的应用，全面提升农业电子商务技术创新应用能力。

专项行动 13——技术创新行动：加强农业电子商务核心关键技术研发，着力在核心芯片、射频识别、智能终端、系统集成、网络与信息安全以及大数据处理、应用软件等共性和关键技术研发应用上取得突破，加大自主知识产权保护力度，加快建立以企业为主体、市场为导向、产学研用相结合的技术创新体系。

专项行动 14——示范推广行动：积极参与国家电子商务示范城市建设。继续开展两年一次的农业农村信息化示范基地申报认定工作，并向农业电子商务倾斜，引导各类新型农业经营主体入驻电商平台，树立农业电子商务企业典型。支持移动互联网、云计算、大数据、物联网等新一代信息技术在农业电子商务全链条中的示范应用。鼓励金融机构、非银行支付机构为农业电子商务企业、物流企业及相关用户提供安全、高效的支付服务，在农村地区推广网上支付、手机支付等支付方式。推进农产品批发市场电子商务技术应用，加快推进农产品电子结算、电子交易、电子拍卖、电子商务应用，提高流通效率和信息公开程度。

专项行动 15——标准推进行动：鼓励支持电子商务企业制定适应电子商务的农产品产品质量、分等分级、产品包装、物流配送、业务规范等标准，鼓励支持快递企业制定适应农业电子商务产品寄递需求的定制化包装、专业化服务等标准。加快农产品、农业生产资料产品质量国家、行业标准和生产技术规程制修订进程，加快国家农业标准化示范县建设，引导各类电子商务主体共同建立农产品标准化生产示范基地。同时研究制定农业电子商务技术标准和业务规范。

专项行动 16——政策研究行动：依托各有关直属单位，与有关科研和教学单位、企业合作开展发展战略研究，追踪热点问题，提出政策建议，编制农业电子商务发展年度报告。鼓励各级发展改革、农业、商务部门会同有关部门组织相关科研、教学单位和企业联合开展农业电子商务重大问题研究，为规划制定和政策措施出台提供决策参考。加快建立以企业为主体、市场为导向、产学研用相结合的技术创新体系，推动农业电子商务相关技术中心、工程中心、重点实验室建设。

专项行动 17——智库应用行动：在每年中国电子商务创新发展峰会和

农业信息化高峰论坛期间组织举办农业电子商务分论坛，支持地方、行业组织、企业举办论坛、研讨会，总结交流各地推进农业电子商务发展的好做法、好经验、好模式，研究农业电子商务发展过程中遇到的困难和问题，引导农业电子商务快速健康发展。

（十二）加快完善农业电子商务政策体系。按照“政府引导，市场主体”的原则，强化顶层设计和政策创设，配合有关部门优化农业电子商务相关审批事项和流程，推动落实支持农业电子商务发展扶持政策，充分发挥市场在资源配置中的决定性作用，为农业电子商务发展提供良好政策环境。

专项行动 18——政策支撑行动：联合相关部门，大力加强农业电子商务政策创新，推动出台并落实支持农业电子商务发展的用地、用水、用电、用网等政策，建立健全适应电子商务发展的多元化、多渠道投融资机制。配合相关部门全面清理农业电子商务领域现有前置审批事项，无法律法规依据的一律取消，严禁违法设定行政许可、增加行政许可条件和程序。

专项行动 19——硬件支撑行动：针对农产品流通的特殊性，积极争取各级政府对田头集货、产地预冷、冷藏保鲜、分级包装、冷链物流、运输车辆、集散仓储、城市配送设施等方面建设给予扶持，按照相关规定，对符合条件的纳入农机购置补贴、农产品产地初加工补助项目等支持范围。鼓励保险公司开展鲜活农产品配送质量保险试点。

专项行动 20——运营支撑行动：积极推动成立农业电子商务标准化技术专业委员会、协会。组织相关科研和教学单位、企业开展农业电子商务核心和关键技术研发。经认定为高新技术企业的农业电子商务企业依法享受相关优惠政策。推进信息进村入户，积极争取农村信息服务站建设、信息员培训，以及政府购买公益服务支持。鼓励新型农业经营主体应用电子商务平台开展农产品上线营销、市场推广，指导新型职业农民、大学生村官、返乡农民工、农村经纪人、农村信息员等依托电子商务创业。

## 四、保障措施

（十三）强化组织领导。各级发展改革、农业、商务部门要进一步提高认识、转变观念，把农业电子商务作为创新农产品流通、建设现代农业、繁荣农村经济的重要举措予以推进。加强相关工作力量，明确负责机构和人员，注重调查研究，制定推进方案，细化政策措施，狠抓任务落实，会同有关部门形成工作合力，为农业电子商务快速健康发展提供组织保障。

（十四）强化制度建设。积极参与电子商务法律法规建设，围绕市场监管和公共服务职能职责，配合有关部门制定完善诚信经营、公平竞争、权益保护、信息公开、网络安全、行政执法等方面的规章制度。严格执法，严厉查处违法违规行为，切实保障相关市场主体和消费者合法权益，同时加强部门合作，避免多头重复执法。引导行业组织制定行业规范和服务要求，加强行业自律和信用评价。

（十五）强化示范宣传。将农业电子商务与“互联网 +”现代农业行动以及农业物联网、大数据应用示范统筹推进，推动农业电子商务纳入国家电子商务示范城市和智慧城市建设内容。将农业电子商务作为农业农村信息化示范基地、国家现代农业示范区、农业社会化服务示范县建设与认定的重要指标，培育和树立一批具有引领示范作用的农业电子商务企业。及时总结农业电子商务发展经验、运行模式，加强先进典型的宣传和推广，努力营造社会各界关注和支持农业电子商务发展的良好氛围。